Ваша судьба в ваших руках

Анжелина Руби и Алина А. Руби

Публикуется самостоятельно.

Введение

Пальмою — это искусство анализа и предсказания будущего по ладоням рук. Она практикуется во всем мире, но с различиями в зависимости от культуры той или иной страны. Тех, кто занимается пальпированием, называют хиромантами, гадателями по ладони или аналитиками по руке.

Искусство толкования скрытого смысла морщин, линий и гор на руке было открыто миллионы лет назад. В старину большинство людей не знали точной даты и времени своего рождения, поэтому чтение по ладони, или Пальмин, считался единственным способом гадания.

Искусство пальпирования возникло еще в каменном веке. Изображения человеческих рук встречаются в пещерных рисунках, что свидетельствует об их особом интересе к этой части тела. Эти рисунки можно увидеть в пещерах Франции, Испании и Африки.

Пальпация берет свое начало в Древней Греции от Аристотеля, обнаружившего на алтаре бога Гермеса трактат о пальме, который он затем представил Александру Македонскому, заинтересовавшемуся изучением характера своих чиновников по линиям на их руках.

Аристотель утверждал, что линии не пишутся на руке человека просто так. Они являются следствием астральных воздействий и индивидуальности человека. Таким образом, Аристотель, Гиппократ и Александр Македонский популяризировали практику пальпирования. Гиппократ использовал пальмиру в своих клинических процедурах.

Из Греции знания о пальме распространились в Индию, Тибет, Китай, Персию, Египет и другие европейские страны. Исследования показывают, что такие древние сообщества, как шумеры, тибетцы, евреи, вавилоняне, египтяне и персы, были заинтересованы в изучении и практике пальпирования. Другие утверждают, что искусство пальпирования зародилось в Индии.

Современная палитра сочетает в себе методы предсказания с психологией, холистическим целительством, а также альтернативными методами гадания.

Искусство чтения по ладони — это практика оценки характера человека или его будущей жизни по ладони. Гадание обычно начинается с доминирующей руки - той, которой человек пишет или пользуется чаще всего, поскольку она является сознательной, а другая часть - проявлением бессознательного.

В некоторых традициях политики считается, что руки обладают наследственными или семейными чертами, или, в зависимости от космологических представлений чиж-романтика, они могут передавать информацию о прошлом жизни или кармических условиях.

Основы полемологии берут свое начало в греческой мифологии. Каждая область ладони и пальцев связана с богом или богиней, и характеристики этой области указывают на характер соответствующих аспектов. Например, безымянный палец связан с греческим богом Аполлоном, характеристики безымянного пальца связаны с искусством, музыкой, эстетикой, славой, богатством и гармонией.

Три линии, которые встречаются практически в каждой руке и которым обычно придается большее значение, это: Линия **сердца** - первая из наиболее значимых линий, изучаемых читателем. Она находится на верхней части ладони, под пальцами.

В одних традициях Линия читается от края ладони на мизинце и идет через ладонь к большому пальцу, в других она рассматривается как начальная точка на пальцах и идет к внешнему краю ладони.

Хироманты интерпретируют эту линию для обсуждения вопросов сердца, как физических, так и метафорических, и она может показывать эмоциональную стабильность, романтические взгляды, депрессию и стоицизм, а также различные аспекты здоровья сердца, например линия "Скованное сердце" является признаком проблем с сердцем.

Следующая линия, найденная хиромантами, — это **линия Головы.** Эта линия начинается на краю ладони указательным пальцем и проходит через ладонь к внешнему краю. Часто Линия Головы соединяется с Линией Жизни. Хироманты интерпретируют эту линию для анализа мышления человека и особенностей его функционирования, включая стиль обучения, стиль общения, интеллектуализм и стремление к знаниям.

Наконец, читатели по руке ищут, пожалуй, самую противоречивую линию - **линию жизни**. Эта линия проходит от края ладони над большим пальцем и по дуге направляется к запястью. Считается, что от этой линии зависит жизненная сила человека, его физическое здоровье и общее самочувствие.

Считается также, что линия жизни отражает серьезные изменения в жизни, включая катастрофические события и физические травмы. Вопреки распространенному мнению, современная палитра не считает, что длина линии жизни человека связана с продолжительностью его жизни.

Существует еще одна линия, называемая Линией **Судьбы, которая** проходит от нижней части ладони в районе запястья, через центр ладони к среднему пальцу. Эта линия связана с жизненной траекторией человека, включая выбор школы и профессии, успехи и препятствия. Иногда считается, что эта линия отражает обстоятельства, не зависящие от человека, или, наоборот, выбор человека и его последствия.

Есть и другие линии, менее значимые: **линия Солнца**, параллельная линии Судьбы, на безымянном пальце, которая, как считается, показывает известность или бесславность. **Пояс Венеры**, который начинается между мизинцем и безымянным пальцами, соединяется дугой с безымянным и средним пальцами и заканчивается между средним и указательным пальцами, и считается, что он связан с эмоциональным интеллектом и способностью к манипулированию.

Линия Аполлона, означающая счастливую жизнь и идущая от Лунной горы по запястью, которое спускается с пальца Аполлона.

Зловещая линия, которая пересекает линию Жизни и, если она образует букву "X", является очень плохим сигналом. Обычно при чтении ладоней стараются не упоминать эту линию, так как она может вызвать беспокойство у читающего.

Язык рук

Когда вы хотите узнать характер человека, с которым только что познакомились, вам следует посмотреть на его руки. Возможно, вы уже делали это раньше, сами того не осознавая. То, как человек использует свои руки, может дать много информации о его характере.

Руки дают больше информации о человеке, чем его лицо, особенно когда речь идет о первом впечатлении. Мы можем изменить выражение лица, макияж также может изменить внешность человека, а многие люди сделали пластические операции. Однако руки имеют свой собственный язык, которым трудно управлять.

Проанализируйте, как мы используем свои руки для выражения чувств. Шевеление пальцами показывает нетерпение, кулаки являются синонимом гнева и злости, использование указательного пальца для указания символизирует агрессию или обвинение, а потирание рук - привязанность и удовлетворение.

В бизнесе рукопожатие имеет решающее значение: если оно крепкое, то мы воспринимаем его как положительный знак, если же слабое, то как жест нерешительности, свидетельствующий о неустойчивом характере. Однако помните, что крепкое рукопожатие может быть искусственным и надуманным.

Существуют и другие, более тонкие способы узнать, о чем думает собеседник. Если вы обсуждаете с кем-то финансовый вопрос и замечаете, что большие пальцы рук собеседника смотрят внутрь, на ладони, это говорит о том, что он не выказывает своих гневных чувств, а, возможно, хочет их скрыть.

Более позитивным признаком является потирание кончиков пальцев, в частности большого пальца, о мизинец, что происходит, когда вы пытаетесь генерировать несколько идей одновременно.

Вращение кольца вокруг пальца говорит о трудных и сложных идеях. Если кольцо находится на среднем пальце, это говорит о том, что проблемы с деньгами не проявляются явно. Жесты рук могут использоваться и для оскорбления. В некоторых странах считается неприятным показывать поднятый вверх указательный палец. Пальцы, на которых надето кольцо, также проявляют информацию. На старинных картинах известные люди обычно носили на указательном пальце кольцо, символизирующее власть и жадность.

Открытые и закрытые руки

Когда мы видим руки, лежащие на плоской поверхности, любопытно посмотреть на то, как они расположены. Некоторые люди естественным образом разводят пальцы в стороны, и этот жест говорит об искренности их личности и о том, что они спокойно относятся к гаданию по руке. Если же человек самопроизвольно держит пальцы вместе, это означает, что он испытывает неприятие к гаданию.

Когда руки открыты, между пальцами, прямо при рождении, в месте их соприкосновения с ладонью, образуются промежутки. Эти промежутки легче заметить, если пальцы сцеплены, а рука ориентирована на свет. Это означает, что человек не только искренен, но и милосерден, общителен, отзывчив, восприимчив к новым идеям и опыту.

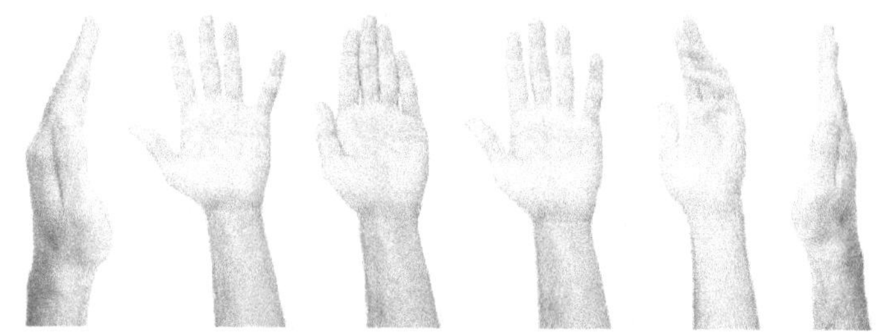

Если пальцы отходят от ладони естественным образом, без давления, то особенности будут подчеркнуты, и человек будет проявлять адаптацию. Если же между пальцами нет промежутков, то, возможно, человек предпочитает держаться за то, что у него есть, во всех смыслах жизни.

Если при закрытой руке пальцы не поддаются при надавливании на них ладонью, а вывернуты вперед, то это говорит о неискренности и общительности темперамента этого человека и о том, что он не хочет ввязываться в новое обучение. Негибкость пальцев говорит о склонности к сопротивлению переменам и стремлении упорно держаться за вещи, традиции, знакомых.

Длина руки

Показателен размер кистей рук. Более длинные руки принадлежат людям, специализирующимся на какой-либо сложной деятельности, которую необходимо выполнять руками, например, пластическим хирургам или хирургам-ортопедам.

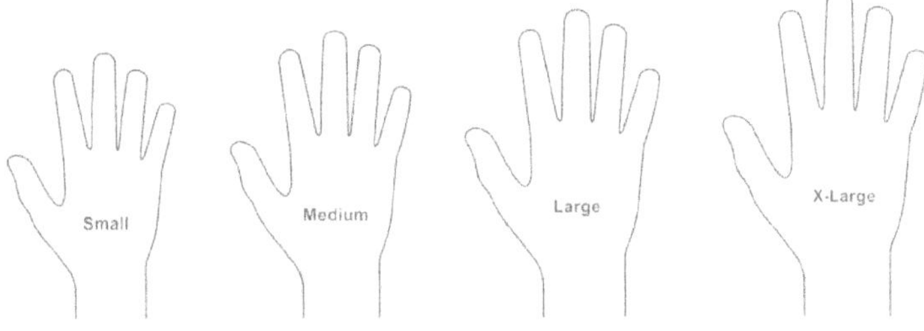

Люди с маленькими руками обычно не посвящают себя этим задачам и, как правило, используют их в ситуациях, которые должны решаться интуитивно и быстро. Природная неусидчивость, нервозность и беспокойство людей с маленькими руками усиливаются, если пальцы короткие, ногти также короткие, и в этих случаях недостаток терпения может стать сложной проблемой.

Маленькие руки обычно принадлежат подходящим, специализированным и знающим толк в организации мероприятий более крупного масштаба людям. Они предприимчивы, внимательны, трудолюбивы, успешны и, кроме того, обладают способностью быть лидерами. Маленькие руки очень приятны на ощупь, а большие обычно холодные.

В какой-то мере это можно рассматривать как проявление двух темпераментов. Маленькие, чистые руки людей свидетельствуют о большой ловкости во многих видах деятельности и способности к хорошей координации. Обычно людям с широкими ладонями необходимо чувствовать себя физически свободными, а те, у кого ладони более мелкие и узкие, довольствуются неподвижным образом жизни и являются специалистами в бюрократической работе.

Правая и левая руки

Вы правша или левша? Это первый вопрос, который всегда следует задавать при изучении чьих-либо рук, поскольку каждая из них имеет совершенно разное значение. Возможно, что они отличаются физически, не только линиями ладони, но и формой пальцев. Однако это не всегда так, поскольку у многих людей обе руки практически одинаковы.

Некоторые люди являются амбидекстрами, и в этом случае правым следует считать руку, которой вы пишете. Левая рука свидетельствует о личности, наклонностях, событиях прошлого и настоящего. Правая показывает, как изменилась личность с течением времени или собирается ли она измениться, а также указывает на будущие события.

Анализируя руки левшей, следует обратить внимание на правую как на основную, отражающую события прошлого и настоящего, и на левую как на связанную с будущим.

Форма рук

Существует пять основных форм рук, и каждая из них раскрывает что-то существенное о характере человека. Оценить форму рук на расстоянии очень просто, поэтому, поняв их значение, вы поймете, что можете наблюдать за руками любого человека.

Когда вы рассмотрите и изучите несколько рук, вы поймете, что некоторые из них явно принадлежат к определенной категории, а другие представляют собой смесь нескольких. Примером может служить рука с квадратной ладонью и пальцами конической формы.

Пальцы разные, иногда на одной и той же руке. Если нет ни одного похожего, это говорит о разносторонности, и очень трудно описать характер этого человека. Рассматривая форму рук и пальцев человека, необходимо учитывать возраст. Руки пожилого человека деформируются из-за артритов и ревматизма, становятся более жесткими, мозолистыми и менее гибкими.

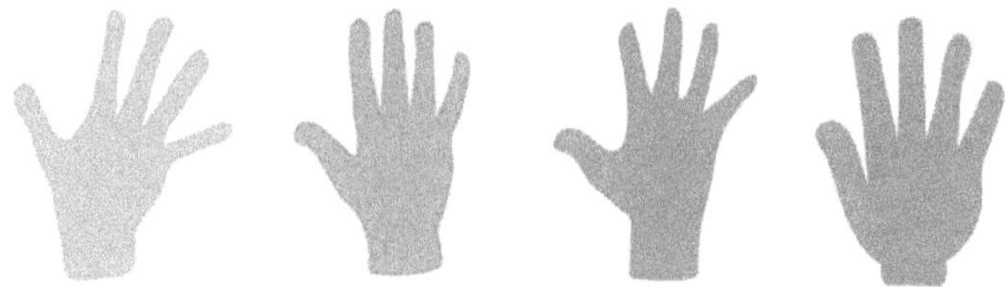

Философская или психическая рука

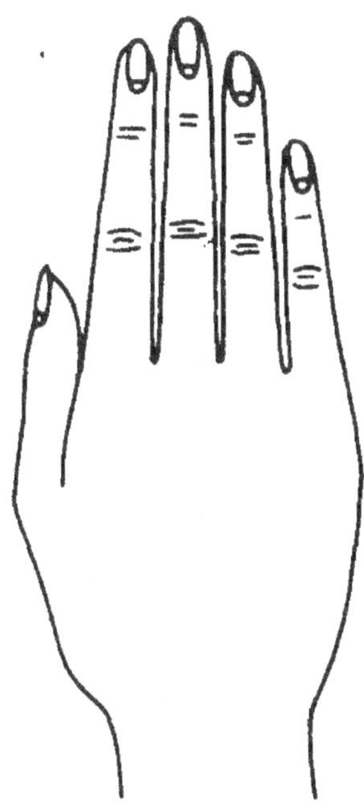

Этот тип кисти встречается реже всего. Она удлиненная, костлявая, угловатая, с выраженными узлами. Его носители обычно интересуются оккультными предметами, теологией или областями, требующими аналитического мышления. Это трудные для понимания люди, склонные к замкнутости.

Если суставы пальцев сильно сросшиеся, то подчеркивается методичность мышления. Традиционно длинные тонкие руки предпочитают художники и скульпторы за их красоту. Однако некоторые считают ее неудачной, поскольку она свидетельствует о недостатке физической и эмоциональной энергии, склонности к депрессии и тревожности. Обладателям такой руки трудно разглядеть более тонкие стороны жизни, они часто пессимистичны в своих мыслях. Они могут страдать от низкой самооценки и нуждаться в поддержке со стороны окружающих, чтобы добиться успеха.

Руки-лопатки

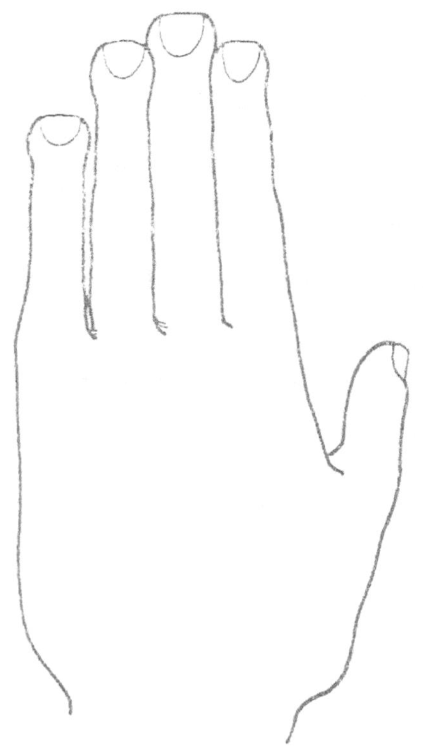

Это название относится к лопаточке. Рука более широкая в области запястья и сужается к основанию пальцев. Пальцы как бы сужаются к кончикам. Форма руки визуально кажется сужающейся к запястью. По лопатообразной руке можно судить о характере человека.

Конические и заостренные руки

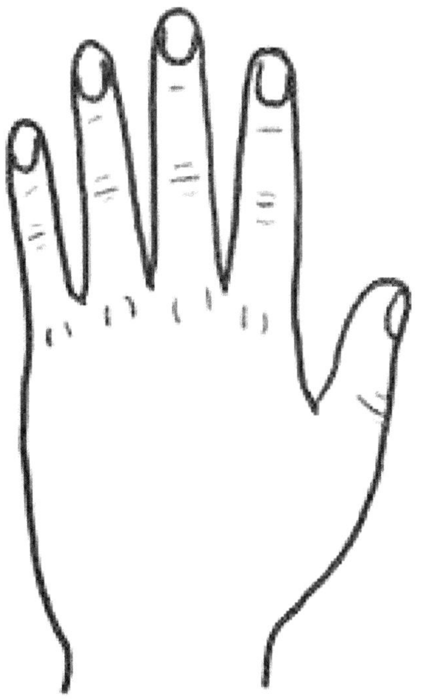

Эти руки имеют множество выраженных линий. Ладонь имеет средний размер и заметно сужается к пальцам, которые обычно круглые на кончиках, но не сужаются. Пальцы могут быть одинакового размера по всей руке, что облегчает поиск конической руки.

Эта рука - рука быстрого мыслителя и мечтателя. Люди с такой рукой прекрасно ведут беседу, быстро схватывают идеи и темы, а затем динамично их обсуждают. Оптимистическая сторона наделяет их живым воображением, что, в свою очередь, делает их общительность сильной стороной их личности.

Эта присущая им способность входить в эмоциональное состояние окружающих делает их прекрасными друзьями в трудную минуту и хорошей компанией в прекрасное время. Красота во всех ее проявлениях привлекает их, и они часто обладают художественными талантами и вкусами.

Они щедры и помогают людям во многих вопросах. Это может утомлять их или подвергать опасности злоупотребления со стороны окружающих. Людям с таким типом руки важно находить время для себя, чтобы направить свою энергию в нужное русло.

Благодаря своей экспрессивной натуре они являются прекрасными исполнителями, актерами, художниками и писателями. Однако сама по себе коническая форма руки может означать, что человек слишком много времени проводит в сфере воображения и не обладает некоторыми практическими навыками, необходимыми для достижения успеха в выбранной им области.

У успешных творческих людей часто встречается коническая рука в сочетании с квадратной. Это говорит об успехе, когда ладонь квадратная, а пальцы демонстрируют качества конической руки, показывая силу воображения. В таком сочетании рука говорит о прагматичном и творческом человеке, обладающем способностями к успешной реализации своих творческих идей.

Благодаря своей экспрессивной, эмоциональной натуре они способны наладить длительные отношения и стать любящими родителями. Их не беспокоят протоколы, и они делают жизнь веселее для всех, кто их окружает. Опасность для людей с таким типом руки заключается в том, что они слишком

беспокоятся об окружающих и становятся
чрезмерно заботливыми. Временами они могут
обнаружить, что заботы окружающих
огорчают их, и чувствовать себя опечаленными
ими.

Квадратные руки

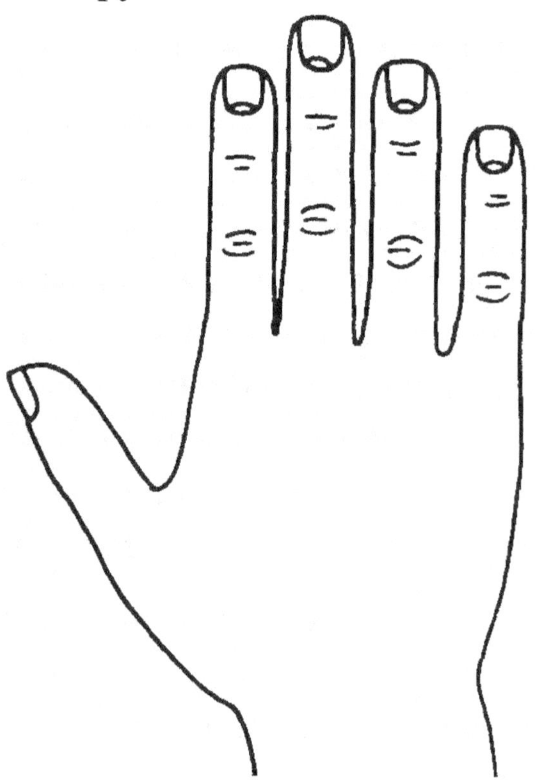

У них много линий на ладони, что проявляет
потребность в соответствии, которая дается

ограничением действий и свободы. Ладонь и кончики пальцев имеют квадратную форму.

Люди с таким типом рук практичны, приземлены и способны стремиться к успеху в любой сфере жизни. Они обладают умом и здравым смыслом и прекрасно умеют создавать вещи своими руками.

Они склонны к традиционному взгляду на жизнь и методичны во всех ее сферах. Они предпочитают не выделяться из толпы, одеваются традиционно и элегантно, всегда ухожены и чисты. Эти люди ценят закон, правила и уставы, иногда доходя до того, что их считают негибкими и тщеславными.

Однако это надежные и способные люди, которые будут упорно добиваться высоких результатов в жизни. Систематический подход сочетается в нем с упорством. Эти люди делают один шаг за другим и убеждаются, что каждый шаг завершен удовлетворительно, прежде чем переходить к следующему. Они не обладают богатым воображением, однако способны на большие достижения благодаря силе своей личности и личным качествам.

Честность для них так же важна, как и правила и нормы.

Строгая дисциплина и следование общественным нормам и правилам, а также некоторая ригидность характера могут затруднять их самовыражение, но, когда они заявляют о своих чувствах, вы можете быть уверены, что они искренни.

Эта рука также свидетельствует о личности, которая принимает все на веру. Они не умеют читать между строк в любой сфере жизни и будут верить вам на слово.

Это может сделать их чувствительными к тем, кто менее искренен, чем они сами, но в целом их трудно переубедить, так как они потребуют доказательств, прежде чем полностью согласятся с тем, что им говорят. Честные, практичные, иногда упрямые, но очень искренние люди — вот те качества, которые будут проявлять эти люди.

Смешанные руки

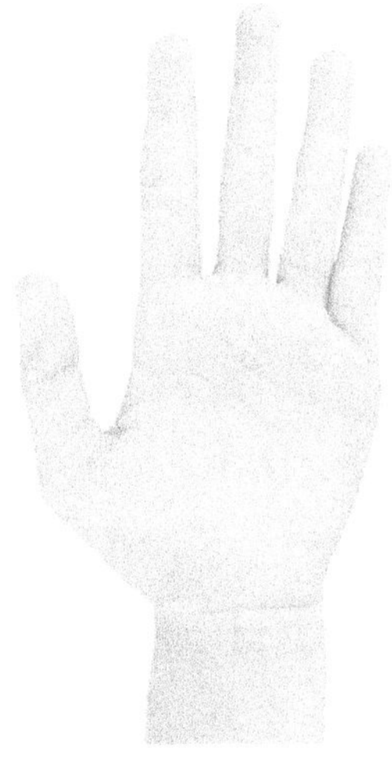

О смешанной руке бывает труднее всего судить. В общем случае это означает человека, обладающего множеством различных качеств и талантов. Это может быть как хорошо, так и плохо. Большое количество талантов говорит об отсутствии настоящего дара или особых способностей, или же они могут свидетельствовать о действительно разностороннем человеке, который умеет добиваться успеха в разных областях.

У тех, кто имеет смешанную руку, в жизни есть две области, которые их интересуют и в которых они успешны. Это может быть профессия, в которой они преуспевают, и внешние интересы, которые также ведут к успеху. В тех случаях, когда ладонь квадратная или лопатообразная, а пальцы демонстрируют разные качества, о знаке обычно говорят как о хорошем. Это означает, что человек обладает множественными талантами, а также имеет сильные практические навыки и настойчив.

Эта комбинация встречается у талантливых и успешных людей. Люди со смешанной рукой проявляют много энергии и, как правило, стремятся к переменам. В личных отношениях они также могут время от времени испытывать потребность в переменах, и часто у людей со смешанной рукой в жизни будет несколько отношений, причем иногда они никогда не складываются в традиционном смысле.

Чтение смешанной руки может вызвать ряд трудностей у полмоста, и это тот тип руки, который следует читать более внимательно, чем другие, однако смешанная рука указывает на множество возможностей для достижения успеха в жизни.

Примечание:

Упоминания о линии и направлении пальцев
читаются при виде ладони с пальцами,
направленными на себя.

Пальцы

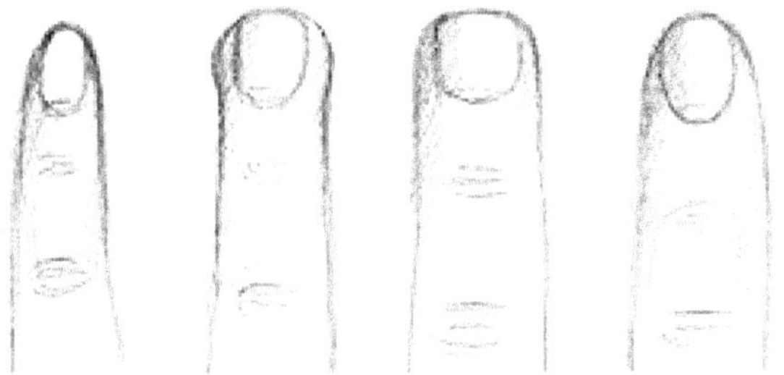

Пальцы показывают душевные качества и
интеллектуальные способности человека.

Длинные пальцы свидетельствуют о любви к
деталям, а короткие - о практичности натуры.
В "руке экстрасенса" длина пальцев доведена
до крайности, и в этом случае человек может
быть зациклен на деталях и не способен
увидеть общую картину в любой сфере своей
жизни.

Большинство пальцев попадают в какую-то
категорию между очень длинными и очень
короткими, а во многих случаях один или

несколько пальцев доминируют, что дает представление о том, как человек фокусирует свои умственные способности и в каких областях он наиболее заинтересован.

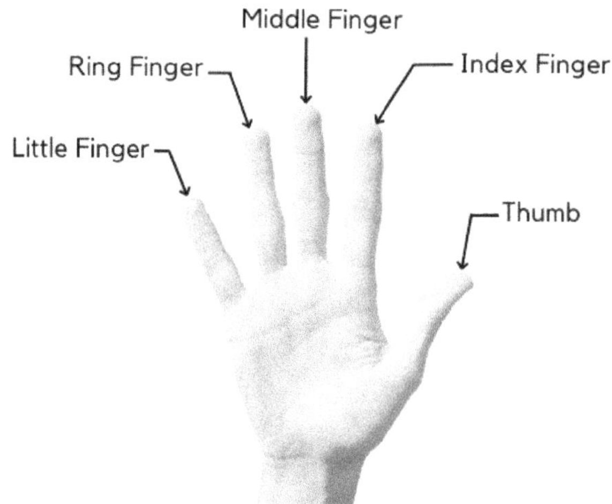

Как и большой палец, пальцы демонстрируют интерес к нуждам других людей. Пространство между пальцами также считается очень важным. Очень широкое пространство между первым и вторым пальцами говорит о широком кругозоре и сильных навыках самостоятельного мышления.

Пространство между вторым и третьим пальцами говорит об убедительности натуры, способности к настойчивости и умении преодолевать препятствия за счет упрямства.

Между третьим и четвертым пальцами имеется промежуток, свидетельствующий о способности к самостоятельным действиям.

В большинстве случаев расстояние между пальцами варьируется, но в редких случаях, когда оно одинаково, это говорит об уравновешенной личности, способной добиться успеха.

Первый палец (указательный)

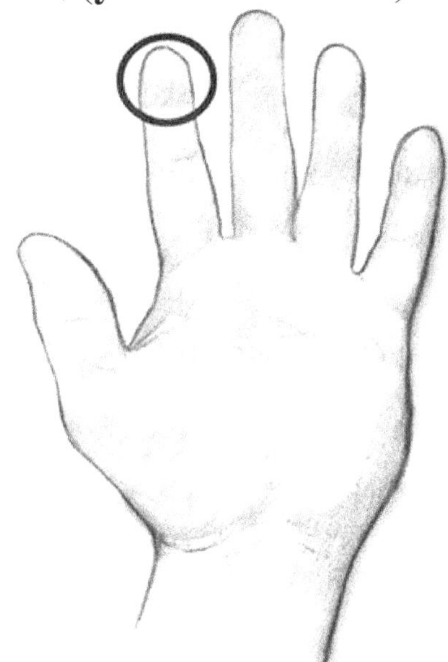

Она названа в честь Юпитера, римского царя богов. Эта планета символизирует силу и власть. Палимые связана со способностями человека и его отношением к власти. Богатство и процветание также являются важными партнерами. Это палец честолюбия, морального порядка, возможности любви и чувственности.

Прямой индекс

Его обладатель наделен качествами начальника, интеллектом, умением командовать и подчиняться, силой духа и непоколебимой решимостью.

Указатель

Это говорит о врожденной способности к организации, как в жизни, так и на работе.

У таких людей преобладает неумеренная гордыня. Этот тип пальцев также может проявлять склонность к мистицизму. Их обладатели обладают чувством эстетики и могут достичь больших успехов, если организуют свои идеи.

Индекс площади

Эти люди чувствуют себя связанными и доминирующими социальными традициями, ведут себя поверхностно. Амбиции позволяют им добиваться престижных должностей.

Спатуляционный индекс

Он свидетельствует о большой силе действия. Характерен для тех, кто с фанатизмом борется за религиозное или политическое дело. Они могут быть хорошими политическими пропагандистами.

Конический индекс

Это характерно для уравновешенных людей. Они решительны, энергичны и независимы. Они работают и верят во все, что делают. Сын заслуживает доверия.

Длинный индекс

Он обнаруживает беспокойный дух, переменчивое настроение, восприимчивость, непостоянство, гордыню и честолюбие.

Очень длинный индекс

Длина его обычно равна длине среднего пальца. Эти люди авторитарны, непримиримы, жестоки и негибки.

Короткий индекс

Если она достигает первой фаланги среднего пальца, то это говорит о слабости характера. На работе эти люди честны и обстоятельны, обычно получают хорошее признание коллег. Однако им никогда не удается продвинуться на важные должности.

Индекс

Рассудительность - основная характеристика обладателей этого типа указательного пальца. Однако это также тщеславные, назойливые, амбициозные и расчетливые люди. Им не хватает фантазии.

Индекс гладкости

У них нет ни обозначенных линий, ни узлов. Эти люди спонтанны и демонстрируют полное отсутствие рефлексии. Будучи немного поверхностными, они нуждаются в том, чтобы кто-то их остановил.

Штрафной индекс

Это характерный палец людей с интенсивной внутренней жизнью. Они не стремятся к материальным благам, богатству или привилегированному положению.

Толстый индекс

Честолюбие заставляет этих людей занимать высокие должности, так как они могут обеспечить комфортную жизнь своей семье. Они любят роскошь и удовольствия.

Гибкий индекс

Он свидетельствует о честолюбии. Люди, обладающие им, умеют тактично и

проницательно выполнять свою работу. Если
они достигают своих целей.

Указательный сильно отделен от других пальцев

Это типичный представитель тех людей,
которым всегда улыбается удача.

Индексная длина, прямые и греховные узлы

Это гордые люди, но наделенные
благородством духа. Они не падают духом
перед лицом судьбы. Сын добрый, щедрый и
хороший друг.

Индекс длинный и жесткий

Гордость присутствует, но в негативном
смысле. Эти люди эгоистичны и совершенно
не понимают значения слов щедрость,
доброта, гармония, мир.

Они никогда не прощают реальных или
мнимых обид и мстят самым жалким образом.

Они не стесняются заявлять, что превосходят
их в чем-либо.

Короткий, массивный, толстый и твердый
индекс

Амбиции — вот что движет этими людьми.
Если они не получают желаемого, то без
колебаний прибегают к насилию. Они не
являются ни хорошими мужьями, ни отцами.

Индекс S Прямой

В нем видна непомерная власть, свойственная
жестоким диктаторам. Эти люди никому не
нужны, и они никому не нужны. Они сеют
несчастье, где бы они ни были, но и счастья им
не видать.

Указательный палец длиннее безымянного

Это необычно. Это свидетельствует о
презрении ко всему, что связано с чувствами.
Если, к тому же, оно настроено, то это говорит

о том, что это чрезмерно тщеславный и самодовольный человек.

Второй палец

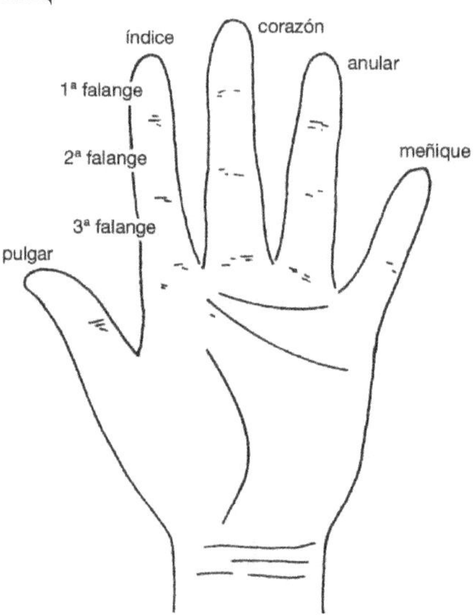

Его называют пальцем сердца или Сатурном, планетой справедливости, суда и наказания, а также вознаграждения.

Это планета труда, учебы и целеустремленности, что означает медленный, но длительный прогресс. Это важный палец, поскольку он определяет судьбу и личность человека.

В нем также присутствуют все те признаки, которые относятся к таланту, ясности, памяти, любознательности, интеллектуальным способностям.

По анализу этого пальца можно определить, удачлив человек или несчастлив, недоверчив или уверен в себе, смел или колеблется, и даже экстремист.

Тонкий средний палец

Эти люди неудачливы во всем, что начинают. Хотя они горды, но душа у них благородная. Если они добиваются успеха в своем деле, то не благодаря удаче, а благодаря упорству.

Короткий средний палец

Это неуверенные в себе люди. В них выделяются такие качества, как доброта, ум и воля, которым часто мешает их нерешительность. Они вызывают симпатию.

Толстый, квадратный средний палец

Эти люди честные, волевые и сильные. Они любят работу, добры, приветливы и общительны.

Шпатель среднего пальца

Это свидетельствует о пессимизме, недисциплинированности, неуверенности в жизни и человеческом роде. Эти люди страдают манией преследования и не всегда знают, чего хотят. Они настолько суеверны, что граничат с нелепостью.

Огрубевший средний палец

Эти люди пессимистичны и скептичны, но очень интроспективны, постоянны и умны. В целом логика позволяет им преодолевать настигающие их кризисы пессимизма и быстро восстанавливать уверенность в себе.

Гладкий и немаркий палец сердца

Проявляет исключительную одаренность, особенно интеллектуальную. Эти люди обречены на успех и удачу, они отзывчивы и спонтанны. Их семейная жизнь всегда позитивна и радостна.

Толстый палец

Это говорит о тщеславии, догматизме, недоверии к окружающим и любви к абстрактным рассуждениям. Они подозрительны и недоверчивы.

Тонкий средний палец

В нем проявляются чувствительность, идеализм, высокие помыслы, но в то же время и негибкость. Эти люди добры и, как правило, проявляют большую моральную честность.

Указательный средний палец

Это, как правило, легкомысленные и несколько тщеславные люди, любящие красивые и изысканные вещи. Они щедры, но ненадежны.

Большой кривой палец сердца

  Эти люди агрессивны и порой бунтарский относятся ко всему, что их окружает. Так или иначе, они всегда ищут проблемы и конфликты.

Средний палец повернут в сторону указательного пальца

Эти люди обладают неумеренной гордостью и амбициями. В силу своего непростого характера они, как правило, не являются хорошими коллегами.

Средний палец наклонен к кольцу

Они существа благосклонные, жизнь наделила их большим артистизмом и неординарным юмором. Они способны любить. Они

дружелюбны и сердечны, обладают
приветливым характером.

Третий палец (безымянный)

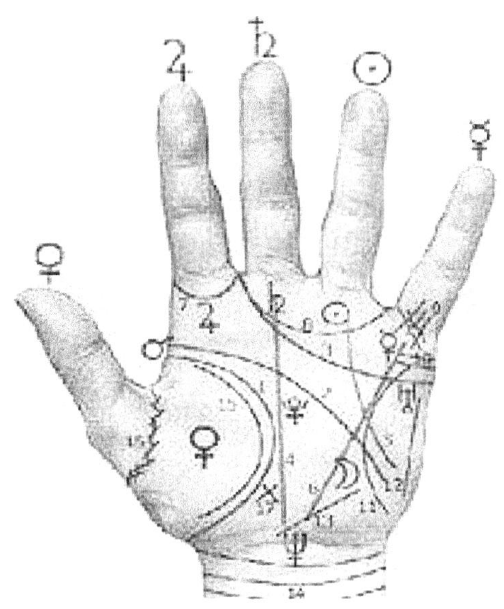

Им управлял Аполлон, который у древних
греков был позолоченным богом. Эта и
связанная с ней гора в некоторых традициях
известна как Солнце, а не Аполлон.

С законом связаны философия, искусство, дар
пророчества. В нем проявляются
художественно-эстетическое чувство,
критический дух, идеалистические
наклонности, смелость.

Если угловой знак длинный, то это говорит о феноменальном художественном чувстве, но измененном любовью к показухе и славе. Такие люди обычно выбирают профессии, связанные с дизайном, живописью, модой.

Временами они чрезмерно амбициозны и идеалистичны.

Если ноль короткий, то это характеристика, которая непосредственно влияет на чувство Эстетического. Эти люди практичны и трудолюбивы. Они любят свою семью, но большее удовлетворение находят в работе. Они отдают предпочтение спекуляциям.

Слишком короткий безымянный палец

Если она едва достигает основания первой фаланги сердца, то это говорит о трусости человека, в котором преобладают низменные импульсы. Такие люди обычно занимаются бизнесом, который не всегда законен. Они дружелюбны, шумны, иногда вульгарны.

Безымянный палец указывал.

Это люди, наделенные большим художественным чутьем и проявляющие склонность к мечтательности и мистицизму. Они мечтают посвятить себя танцам или живописи, но им не хватает практического смысла для реализации своих желаний. Преувеличенная склонность к мистицизму.

Квадрат безымянного пальца

В нем проявляется неприятие всего несправедливого, противоречащего человеческому добру и законам. Эти люди выступают за торжество правды и защиту невинных. Они любят роскошь и произведения искусства, особенно картины великих мастеров.

Безымянный палец очень гладкий и без следов

В этом проявляется творческое призвание, чувство долга.

Если он еще и лопатообразный, то это означает, что человек любит приключения и стремится бежать в поисках новизны.

Безымянный палец с явными узлами

Это люди с прекрасными артистическими качествами, они испытывают большую любовь к учебе и исследованиям.

Безымянный палец длиннее указательного

В нем проявляются артистический темперамент и вдохновение, которые могут привести к славе.

Безымянный палец короче указательного

Это говорит об эгоизме и поверхностности. Они хотят добиться профессионального успеха без усилий.

Четвертый палец (мизинец)

Управляется Меркурием, еще одним богом Древнего Рима. Эта планета обозначала вестника богов и ассоциировалась с торговлей, путешествиями и коммуникациями.

Длинный и тонкий мизинец

Обычно это люди, которых привлекает серьезная и глубокая учеба, научные исследования. Они умелые переговорщики и призваны добиваться успеха в жизни.

Эти люди умеют тактично и дипломатично вести свои дела. Интеллигентные, они проявляют постоянное стремление к повышению своей культуры. Она чувствуют себя очень близкими к своей семье, которую они считают истинной опорой своей жизни.

Короткий мизинец

Эти люди обладают прекрасной интуицией и жаждой знаний. Они обладают культурой и любят учиться. Они умны и умеют эффективно работать. Их главная черта - честность.

Тонкий, заостренный мизинец.

Это говорит о духе, полном мистицизма и глубокой методичности. Это, как правило, экспрессивные, проницательные люди, обладающие большой способностью к убеждению.

Они искусны в бизнесе и умеют продавать все, что хотят. Они преуспевают в политике, рекламе и продажах.

Квадратный мизинец

Это отражает милый и сердечный характер. Они наделены большим интеллектом и всегда готовы постигать новые знания и продолжать обучение.

Они будут успешны в тех профессиях, где требуются различные качества.

Сплюснутый мизинец

Это говорит о любви к спорту и занятиям, связанным с физической силой.

Эти люди наделены невероятной легкостью выражения и внушения.

Мизинец с первой фалангой дугообразно направлен внутрь.

Эти люди испытывают пагубное влечение к деньгам и пытаются получить их незаконным путем. Они амбициозны, подозрительны, завистливы и нечестны. Берегите воображение.

Мягкий и гибкий мизинец

Это люди, обладающие тактом и дипломатичностью. Они имеют хорошее образование и преуспевают во всем, за что берутся. Они защищают интересы людей. Они великодушны, гостеприимны, филантропичны и дружелюбны, их обычно любят.

Толстый мизинец

Это говорит о недостаточной разборчивости и порядочности. Такие люди обычно обладают грубым характером, но по сути своей они великодушны. Они очень хотят быть замеченными.

Мизинец с явными узлами

Эти люди обладают множеством качеств, таких как смелость, умение развиваться в бизнесе, честность, убедительность, красноречие, внутреннее богатство.

Тонкий и маленький мизинец

В нем проявляется интеллект, но и чрезмерные дозы злобы и зависти. Эти люди не умеют завоевывать симпатии окружающих.

Они борются за то, чтобы получить все, что хотят, и наделены проницательным умом, который позволяет им добиваться успеха во всем, что они пытаются сделать.

Синтез

Юпитер

Если длина этого пальца достигает ногтя Сатурна, это говорит о сильной личности, способной управлять, и о человеке с характером, за которым с удовольствием пойдут другие.

Если палец не дотягивается до этой точки, то это человек, который чувствует себя неуютно в позиции власти, предпочитая быть последователем, а не лидером.

Когда этот палец перекручивают, это говорит о власти, которая может быть нечестной или, по крайней мере, о человеке, готовом использовать аморальные средства для достижения власти.

Праведный, он свидетельствует о сильном чувстве справедливости и честности в сочетании с лидерскими качествами. Если пальцы Юпитера и Сатурна равны или почти равны по величине, это указывает на диктаторский характер.

Saturn

Очень длинный палец Сатурна указывает на человека, склонного смотреть на темную сторону жизни, склонного к меланхолии и негативному отношению к жизни.

При согнутом или сгорбленном пальце эти признаки усугубляются до крайней степени ненормальности.

Укороченный или приближенный по длине к другим пальцам, сдержанный характер Сатурна становится более объективным.

Иногда палец Сатурна может казаться короче других пальцев, и это говорит о том, что человек чрезмерно предан развлечениям и может проявлять безрассудный характер.

Аполлон

В греческой мифологии бог Сол имел отношение ко многим сферам жизни, но в изучении пальмиры он связан именно с искусствами, развлечениями и творчеством.

Длинный палец Аполлона указывает на стремление к славе, обычно через какую-либо творческую профессию, а короткий - на страх перед известностью или застенчивость.

Если этот палец изогнут, то это может говорить об обмане в характере человека или об использовании обмана для достижения славы, в то время как прямой палец Аполлона указывает на артистические способности, которые принесут успех.

Об уровне успеха можно судить по размеру этого пальца по отношению к пальцу Сатурна. Если эти два пальца очень близки или даже равны по длине, это указывает на сильную личность, талантливую, способную много работать и идти на риск.

Ртуть

Этот палец ассоциируется с бизнесом. Чем длиннее этот палец, тем большее значение человек будет придавать этим навыкам. Очень длинный палец Меркурия, доходящий до ногтя Аполлона, говорит о нечестности в бизнесе и упорстве в использовании любых средств для достижения успеха. Короткий палец Меркурия говорит о недостатке навыков в бизнесе.

Большой палец

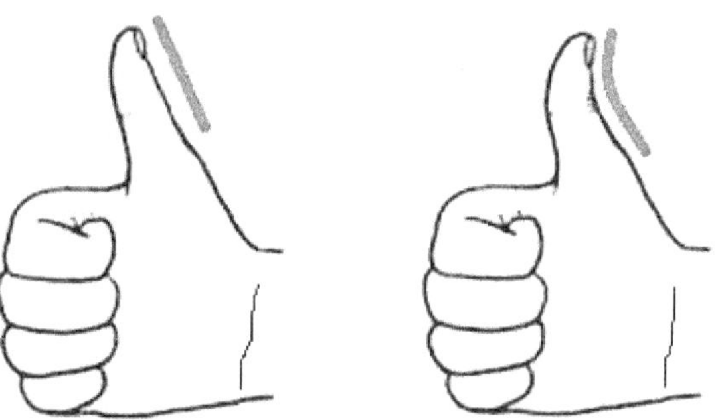

Это самый важный палец, так как в нем проявляются воля, здравый смысл и жизненная сила. Первая фаланга (та, на которой находится ноготь) показывает волю. Вторая - здравый смысл, а третья, которая является частью горы Венеры, - любовь и воображение.

Люди, у которых первые две фаланги одинакового размера, сохраняют баланс между всеми положительными качествами, присутствующими в большом пальце. Воля, здравый смысл и любовь гармонично сочетаются, создавая сбалансированный стиль.

Большие пальцы дают представление о биографии человека и его генетических предрасположенностях.

Считается, что левая и правая руки показывают наш потенциал, заложенный при рождении, и то, что мы делаем из этого потенциала своими собственными действиями, но большие пальцы имеют отношение к качествам, унаследованным от наших родителей, бабушек и дедушек, и проявляются в том, как мы были воспитаны.

Крепкий большой палец с жесткими суставами свидетельствует о целеустремленности, склонности к сдержанности и традиционности в подходе к жизни.

Обладатели этого типа большого пальца подчеркивают внешность, но они могут быть гораздо менее традиционными, чем кажется на первый взгляд.

За его скрытным характером может скрываться гораздо менее традиционная личность, чем кажется на первый взгляд. Решительность, свойственная этому типу, может также проявляться как упрямство и приводить к снижению взглядов на жизнь.

Этому человеку небезразлично, что о нем думают окружающие, и он может из кожи вон лезть, чтобы скрыть свой характер, если считает, что это привлечет негативное мнение.

Чем более гибкий большой палец, тем более он открыт для своеобразия, авантюризма и меньше заботится о внешнем виде традиционного характера. В большинстве случаев большой палец находится где-то между этими двумя показателями, и для лучшего понимания характера человека можно использовать и другие аспекты.

Длина большого пальца связана с силой воли и характером человека.

 Длинный большой палец свидетельствует о сильном характере, а короткий - о неуступчивости.

Основные типы пальцев

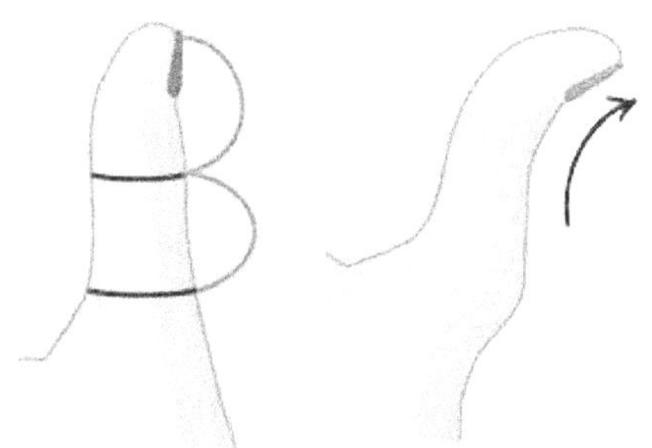

Гибкий

Чем гибче большой палец, тем легче его отклонить назад. Это символизирует, что человек скромен и открыт, но иногда может быть нетрадиционным. Она не упряма и поэтому восприимчива к новым концепциям. Такой человек не приемлет конфликтов и избегает агрессивных ситуаций. Люди этого типа щедры, причем они проявляют это не только материально, но и духовно. Еще одно его качество - сострадательное, доброе и честное поведение.

Если большой палец значительно гибкий, то он, скорее всего, будет отличаться импульсивностью. Единственным его минусом является то, что он склонен обещать больше, чем компенсировать другим. Чтобы избежать разочарований, рекомендуется тонко подозревать этот тип людей.

Большой палец

Люди с жесткими пальцами могут иметь очень сильные критерии и быть очень решительными. Таким образом, им требуется много времени, чтобы все обдумать, и поэтому им не хватает простоты. Если большой палец негибкий и к тому же расположен очень близко к кисти, это говорит о том, что человек любит полемизировать и противостоять другим, а также о том, что иногда ему свойственны идеи и догматизм или проницательность.

Таким людям нужны снисходительные и терпимые друзья. С помощью стимуляции такие большие пальцы можно смягчить. Это изменение отношения можно заметить по незначительной трансформации самого большого пальца.

Верхняя фаланга большого пальца связана с волей, а нижняя - с логикой. Более длинная из них будет иметь большее преобладание над личностью.

Гибкость является хорошим признаком в случае обеих фаланг. Если нижняя часть более расслаблена или более гибкая, чем верхняя, то человеку будет легче приспособиться к обстоятельствам. В одних ситуациях будет использоваться сила разума, а необходимость приспосабливаться к другим будет отходить на второй план.

С другой стороны, если гибкость будет сконцентрирована на самом верху, то патентное упрямство изменится.

Длинный большой палец

Если она превышает по размеру точку соединения указательного и ладонного пальцев руки, то это свидетельствует о необычайной энергии, силе воли, духе самопожертвования и воображении. Эти люди также обладают трансцендентальным интеллектом и, как правило, очень хорошо знают свое дело.

Большой палец и первая фаланга длинные

Этот тип характерен для диктаторов и автократов. Гордость, упрямство и злоба — вот отличительные черты этих людей, которым не хватает ума, инициативы и человечности - качеств, которые должны присутствовать в тех, кто призван управлять.

Большой палец значительно превышает точку крепления между указательным и ладонным пальцами и даже может достигать второй фаланги указательного пальца. Их владельцы энергичны, упрямы и настырны.

Большой палец и фаланги пальцев от слишком длинных

Эти люди обладают теми же характерами, что и обладатели длинного большого пальца, но распределены они настолько сбалансированно, что представляют собой особенных людей.

Короткий большой палец

Если она не достигает точки соединения указательного и ладонного пальцев, то это говорит о том, что это человек, которому не хватает жизненной энергии, что он слаб и изменчив. Она безынициативна и нуждается в том, чтобы кто-то неустанно ее подбадривал, но результаты, как правило, не выдающиеся.

Очень короткий большой палец

Это свидетельствует об абсолютном отсутствии энергии и морального духа. Люди, страдающие этим заболеванием, не умеют проявлять инициативу, пессимистичны, восприимчивы, склонны к суициду.

Толстый большой палец

Большой палец этого типа обычно не слишком длинный. Он свидетельствует о физической энергии и упрямстве. Люди с таким большим пальцем не принимают мысль о том, что иногда можно проиграть и изменить свои критерии.

Очень грубый и твердый большой палец

Большой палец с толстым основанием свидетельствует об излишествах в еде и питье, а также о некоторой наглости.

Тонкий большой палец

Обычно это свидетельствует о плохом здоровье и отсутствии характера. Их владельцам не хватает силы воли. Если большой палец маленький и с клювом, то это говорит о безнравственности.

Широкий большой палец

Это исключительно упрямые люди, но по доброй воле. Они обладают большим чувством ответственности.

Широкий и длинный большой палец

Это говорит о гордости, а она обычно есть у тех воинов, которые в своих спорах прибегают к насилию.

Узловатый палец

Он свидетельствует об оригинальности личности. Характерен для дружелюбных и общительных людей, которые легко заводят друзей. Распространен среди художников, артистов и декораторов.

Гладкий большой палец

Она выражает благородство в чувствах, пер или отсутствие воли. Это объясняется тем, что люди, обладающие этим признаком, нуждаются в том, чтобы кто-то подтолкнул их к действию.

Прямой и вертикальный большой палец

Этот палец как бы прикреплен к указательному пальцу, и если первая фаланга не отклонена наружу, то он свидетельствует о нравственной прямоте и необычайной практичности. Обладатели этого пальца верны, честны, откровенны, умеют улаживать конфликты.

Большой палец естественно повернут наружу.

Эти люди щедры и легкомысленно тратят деньги. Это создает им много проблем.

Палец грубо вывернут наружу.

Указывает на слабость характера. Люди с этим большим пальцем не умеют противостоять импульсам, они чревоугодник и похотливы. Они дружелюбны и любят семью.

Большой палец повернут внутрь ладони.

Люди с таким большим пальцем обладают твердым характером, но они жадны. Они всегда получают то, что планируют, и не поддаются ничьему влиянию. Они не склонны заводить друзей и часто не хотят помогать, особенно если это связано с деньгами. Пунктуальные и организованные до навязчивости, они преуспевают в тех профессиях, где требуется точность.

Отведение большого пальца от указательного по дуге

Он выражает доброжелательность и независимость. Аман любит свою семью, но она непостоянна.

Большой палец с началом координат под углом

Это характерно для художников, певцов, музыкантов. Эти люди проявляют особую любовь к гармонии. Они честны, добры и великолепны.

Большой палец стандартного размера

Этот тип пальцев не большой и не маленький, а гармоничный. Указывает на уравновешенный характер.

Комбинации рук и пальцев

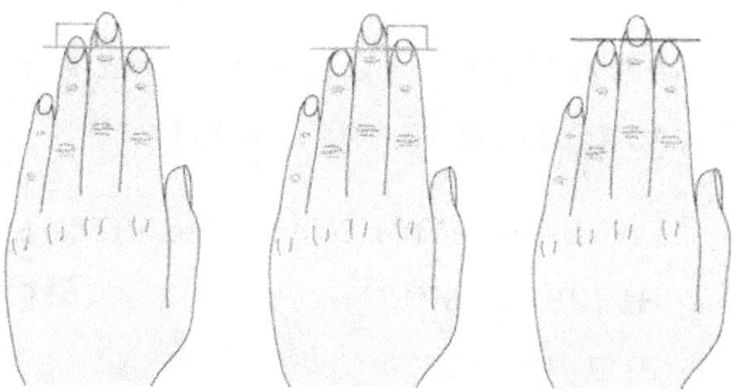

Прежде чем приступить к чтению ладони, посмотрите на свои пальцы, чтобы определить, короткие они или длинные. Это не всегда легко, но с практикой это позволит вам с первого взгляда оценить длину пальца.

Пальцы считаются длинными, если они могут выгибаться назад и касаться точки вдоль ладони. Существуют исключения, поскольку у некоторых людей руки очень гибкие, а у других - очень жесткие. Кроме того, у человека с очень длинной ладонью длинные пальцы могут доходить только до середины ладони, поскольку сама ладонь очень длинная.

Когда вы набираетесь опыта, вы можете посмотреть на ладонь человека и сразу же определить, длинные у него пальцы или короткие. Проблема возникает, когда вы только учитесь, и вам попадается рука с пальцами, которые кажутся ни длинными, ни короткими.

Длинные пальцы

Если пальцы длинные, то человек получает удовольствие от работы. Он терпелив и наслаждается деталями.

Короткие пальцы

Люди с короткими пальцами - почти полная противоположность. Их больше интересует общее, чем детали, и они не обладают большим терпением. У вас часто одновременно движется несколько дел.

Пальцы средней длины

Глютен, у которого пальцы не длинные и не короткие, может быть очень терпеливым. Однако в другое время он склонен сначала прыгать, а потом думать. Если что-то действительно важно, хочется докопаться до сути и все решить.

Примечание:

При изучении пальцев важно учитывать фаланги каждого пальца, так как в них проявляется воля, здравомыслие, благоразумие, возбуждение. Идеальным вариантом будет наличие фаланг одинаковой длины на всех пальцах, но обычно встречаются отклонения. По длине фаланг на каждом пальце руки можно судить о том, как человек использует свои таланты.

При чтении по ладони следует помнить, что прямота пальцев всегда является положительным фактором, а те тенденции, которые они проявляют при наклоне вправо или влево, могут быть не акцентированы.

Линии и горы рук

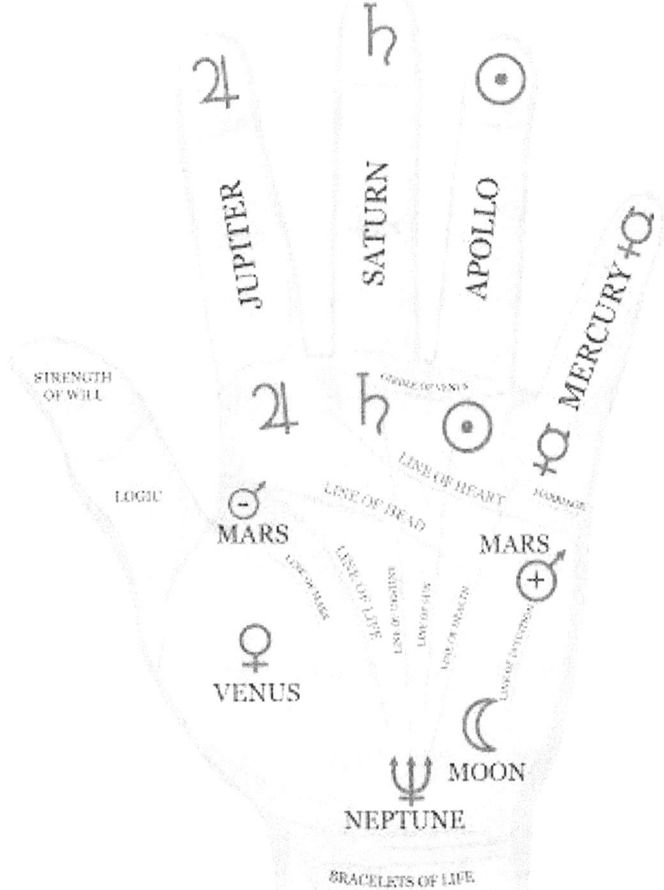

Наиболее значимыми характеристиками
ладони и наиболее узнаваемыми являются
линии и возвышенности, известные как горы.
Эти характеристики подвержены изменениям в
течение всей жизни, хотя, скорее всего, горы
не претерпят существенных изменений по
достижении зрелого возраста.

При чтении мантов и линий действуют те же правила, что и для остальных частей руки. Левая сторона связана с тем, каков наш потенциал при рождении, а правая - с тем, что мы делаем с тем, что мы делаем с нашим потенциалом.

Быстрый анализ рук большинства людей покажет, что между линиями, в частности, в каждой руке, существует значительный разброс. В некоторых случаях эти различия незначительны, но у многих людей можно обнаружить значительные линии, отличающиеся по длине или форме. Следует обратить пристальное внимание на эти различия, поскольку они могут свидетельствовать о тех сторонах жизни, в которых человек не реализует свой потенциал или превосходит его. Оба варианта возможны и часто встречаются.

Интерпретация гор

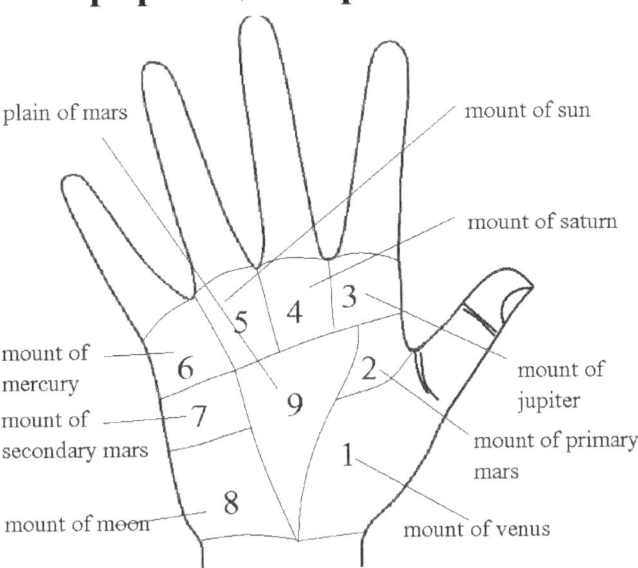

Так называются бугорки, явные, которые
находятся на ладони, рядом с основанием
пальцев. Есть семь гор, названных по имени
планеты, которая оказывает на них
положительное или отрицательное влияние.

Следует иметь в виду, что, когда одна гора
опирается на другую, она получает все ее
особенности. Они гораздо меньше подвержены
изменениям в течение жизни, и многие
традиционные пальметты утверждают, что они
не претерпевают существенных изменений.

Тем не менее, такое случалось, и почти всегда
это означает, что в жизни человека произошли

показательные или очень серьезные изменения.

 Горы на ладони названы в честь тех же астральных тел, что и пальцы, и каждая из них названа в соответствии с пальцем, который расположен ниже.

 Кроме того, рядом с большим пальцем и перед ним находятся Монты, называемые соответственно Венерой и Луной, а также две другие Горы, обе называемые на Марсе, одна из которых находится над большим пальцем и ниже Горы Юпитера, а другая расположена или на противоположной стороне руки, которая находится между Горой Луны и Горой Меркурия.

Эти две последние горы в традиционной полиметрии иногда называют позитивным Марсом и негативным Марсом.

При чтении мантов необходимо учитывать точное расположение каждого из них, так как часто они расположены равномерно или имеют одинаковый размер.

Во многих случаях Гора наклоняется, что означает, что некоторые из Гора могут быть ближе к пальцу с другим названием, чем тот, который дает им название. Это говорит о том, что качества Монте в большей степени определяются качествами соответствующего пальца. Горы обладают следующими качествами:

Гора Юпитер (находится у основания указательного пальца)

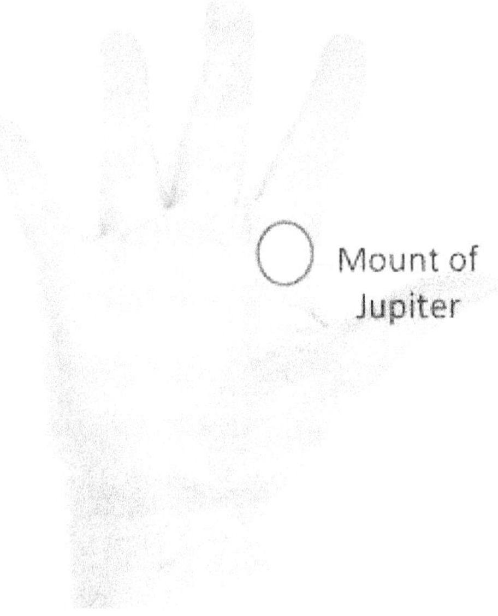

Гора Юпитера связана с любовью к командным постам и религии. Она также подразумевает благородные намерения, стремление к почестям, любовь к природе и счастье в аффективной жизни.

Обычное крепление Юпитера

Оно выражает личность, изобилующую положительными элементами, достоинством, благородством души, добротой, искренней любовью, уравновешенным поведением, здравым смыслом и благоразумием. Такие люди действительно честны и призваны занимать руководящие должности. Подчиненные всегда относятся к ним с доверием и симпатией.

Установите Юпитер низко и без явных следов

Эти люди обладают теми же особенностями, что и представители предыдущей группы, но менее заметными. Они любят спокойствие и расслабленную жизнь, однако, столкнувшись с проблемами, умеют реагировать на них решительно и мужественно. Они также уравновешены.

Гора Юпитер высока и отмечена.

В нем проявляются эгоизм, чрезмерная гордыня, жажда власти и озорство.

Эти люди настолько горды, что предпочли бы жить в нищете, чем занимать более скромное положение, чем то, которого они жаждут.

Они никогда не признают своих недостатков, какими бы очевидными они ни были.

Очень высокая и заметная гора Юпитер

Это говорит о тщеславии и снисходительности. Эти люди испытывают неумеренную любовь к роскоши и славе, они беспринципны. Они фанатичны, властны и диктаторски настроены.

Гора Юпитер гладкая

Это говорит об отсутствии индивидуальности, слабом и нудном характере.

Гора Юпитер разрушена.

Отражает отсутствие гордости, самолюбия и духовного чувства. Человек, склонный к небрежности.

Гора Юпитер находится между указательным **и средним пальцами.**

Что касается духовности, то она обнаруживает полное отсутствие интереса ко всему материальному. Эти люди, как правило, не очень отзывчивы к окружающим их людям.

Гора Сатурн (находится у основания сердца)

Mount of
Saturn

Эта Гора показывает благоразумие, мудрость, жажду знаний и свирепость времени.

Нормальная установка Saturn

Это говорит о спокойной жизни, полной энтузиазма, о жизни, благоприятствуемой экономической удачей, в которой не будет больших неожиданностей. Такие люди обычно обеспечивают своим близким простоту, знания и покой.

Гора Сатурн слегка приподнята

Эти люди обладают теми же качествами, что и представители предыдущей группы, но в более ослабленном виде.

Выделяющаяся и акцентированная гора Сатурна

Гора Сатурна, обладающая этими характеристиками, встречается редко, но некоторые люди все же встречаются. Это говорит об интроверсии, меланхолии, рефлексии, набожности и мистицизме. Эти люди любят учиться. Они предпочитают посвящать себя той работе, где им не нужно общаться с другими людьми, поскольку склонны к отстраненности. Это, как правило, грустные и апатичные люди.

Гора Сатурн плоская и мало ощутимая

Как правило, это несчастные люди, которых преследует судьба. Несмотря на эту мрачную картину, на самом деле это необыкновенные люди, прежде всего потому, что они верят в человечество, будущее и справедливость. Иногда это доверие вознаграждается.

Гора Сатурн затонула.

Это говорит о поверхностности, апатии, бессовестности и лени. Такие люди, как правило, очень безрассудны и всегда ставят своих близких в компромиссное положение. Это объясняется отсутствием здравого смысла и слабостью характера. Однако они выделяются тем, что великолепны, веселы, добры и умеют сильно любить.

Гора Аполлон (находится у основания кольцевой)

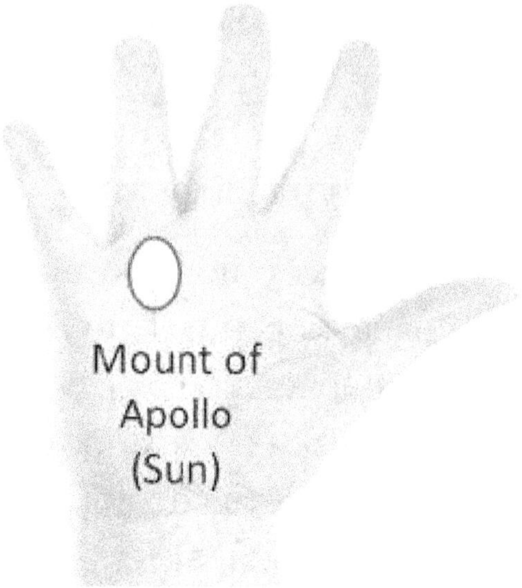

Он связан с судьбой, провидением, опасностью, приключениями, славой, триумфом и величием. Он также отражает духовность, искренность и любовь к искусству.

Нормальный Mount Apollo

Эти люди наделены изящным вкусом, эстетическими талантами, творческими способностями и интеллектом. Удача и везение наполнят их благополучием и поклонниками. Это верные, честные, дружелюбные и коммуникабельные люди. Они обладают личной привлекательностью, благодаря которой добиваются успеха и проявляют большой интерес к художественным изобретениям.

Гора Аполлон очень заметна

Это свидетельствует о тщеславии, неумеренной любви к богатству и удовольствиям. Это также признак поверхностности. Эти люди испытывают сильную любовь к искусству, но из-за предыдущих недостатков не могут добиться успеха, так как деньги соблазняют их гораздо больше.

Гора Аполлон гладкая и не очень заметная

Это говорит о полном отсутствии любви к искусству, интереса к бизнесу, отсутствии элегантности. Эти люди вульгарны, но они позолотили роскошь. При этом они честны, трудолюбивы и дотошны. Они склонны к работе, требующей быстрых рефлексов.

Гора Аполлон разрушена.

Это говорит о любви к искусству, духовности и Мале фортуны. У этих людей часто бывает много разочарований, огорчений и несчастий. Однако они наделены большим внутренним богатством, и не странно, что судьба дарит им определенные удовлетворения, например триумфы и экономическое благополучие. Они обладают писательским талантом.

Гора Меркурий (находится у основания мизинца)

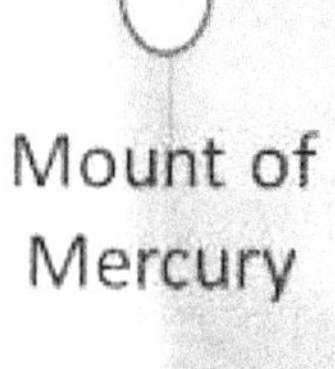

Эта гора отражает красноречие и проницательный ум, а также большую способность к достижению целей и талант к бизнесу и науке. Она указывает на склонность к коммерции, интерес к учебе, особенно к медицинской. Он также указывает на мистификацию, умение убеждать, способность к обману, жажду денег и отсутствие чести.

Нормальная гора Меркурий

Эти люди проявляют интерес к научным исследованиям. Они обладают разносторонним интеллектом, организаторскими способностями и инициативностью. Сын очень красноречив и легко приспосабливается. Однако они также восприимчивы, скупы, непристойны, а иногда и эгоистичны. Они думают только о том, как заработать деньги.

Выдающаяся гора Меркурий

Эти люди обладают теми же качествами, что и представители предыдущей группы, но не их

недостатками, северными пороками. То есть
они не мелочны, не тщеславны и очень
порядочны.

Гора Меркурий очень заметна и приподнята.

Нарушения, характерные для этой группы,
очень заметны. Это нечестные и жадные люди,
чрезмерно любящие деньги и абсолютно
беспринципные. Эти черты часто встречаются
у преступников.

Они обладают и определенными
положительными качествами:
упорядоченностью и скрупулезностью,
глубокой любовью к семье и учебе. Обычно
они недружелюбны.

Крепление Mercury ровное и гладкое

Это характерно для тех людей, у которых нет
личности.

У них полностью отсутствует чувство долга, и
они перекладывают всю ответственность на
других. Негативные стороны этого типа Монте

полностью нивелируются, если появляется цепочка явных линий, идущих к верхней части руки.

Гора Меркурий затонула.

Эти люди нечестны и часто занимаются воровством и мошенничеством. Рекомендуется держаться от них подальше.

Гора Марс (находится под горой Меркурий)
Под ним подразумевается умение бороться с судьбой и негативными силами, выносливость, мужество, любовь к учебе.

Стандартное крепление Mars Mount

Эти люди обладают большой уверенностью в себе, большим самоконтролем и самолюбием. Кроме того, они бесстрашны и великодушны.

Приподнятая марсианская монтировка

В нем видны нечисть и злоба, несправедливость, доведенная до тирании, насилие и высокомерие. Эти люди организованы, но не приемлют противоречий. Обычно они выбирают профессии, в которых могут командовать, но, поскольку им не хватает человечности, они вызывают недовольство своих коллег.

Очень заметная гора Марса

В этих людях акцентированы все вышеперечисленные недостатки. В них тирания граничит с жестокостью и издевательствами. Кроме того, эти люди отличаются хладнокровием и идеальным нервным контролем.

Плоское марсовое крепление

Это свидетельствует о недостатке мужества и моральной слабости. Такие люди не способны принимать решения, не посоветовавшись предварительно с родственниками или друзьями. На все отношения с коллегами и начальством накладывает отпечаток отсутствие откровенности. У них нет ни чувства ответственности, ни инициативы, но это не означает, что они люди без таланта.

Марсианская гора разбита.

Эти люди имеют те же характеристики, что и представители предыдущей группы, но более акцентированные.

Гора Венера

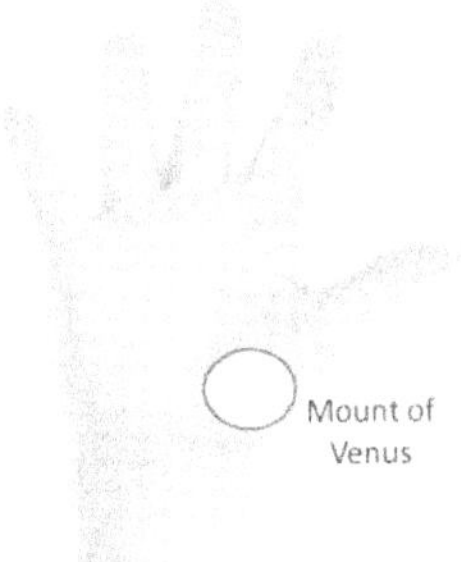

Расположенная рядом с большим пальцем, это одна из самых больших гор. Она связана с эмоциями, любовью, отношениями, домом и способностью человека относиться к другим людям. Обычно пропорционально другим Монтам она символизирует качества ласковой натуры, человека, который ценит свои отношения и дружбу.

Для человека с нормально развитой Венерой приоритетными являются потребности других людей, а качество взаимоотношений имеет большое значение.

Наличие развитой горы свидетельствует о потворствующем характере, распущенности и поверхностности. Потребность в сиюминутном вознаграждении - сильная черта людей с развитой горой Венеры, которая порождает чувство неудовлетворенности жизнью.

Неразвитая Гора предполагает холодную, критичную натуру с ограниченными связями с семьей и немногочисленными друзьями.

Люди с разумной горой Венеры - любители природы, гастрономии и веселых моментов. Они обычно обладают хорошим вкусом и любят радовать окружающих плодами земли для получения тепла.

Гора Венеры плоская

В нем говорится, что привязанность находится скорее на ментальном или духовном плане, чем на физическом. Это относится к любви, чувствительности, аффективным способностям, чувственности и жизненной энергии.

Нормальное крепление Венеры

Она мягкая, но не чрезмерно. Она хорошо сформирована и имеет видимые растяжки и знаки, хотя они не обозначены и не окрашены. Проявляет щедрость, доброту, нежность, способность искренне любить, чувствительность, элегантность, любовь к семье.

Гора Венеры очень заметна и имеет несколько вертикальных символов

Это говорит о любви к роскоши и большой физической энергии, затрачиваемой на любовные отношения. Эти люди подозрительны и собственнически настроены.

Гора Венеры плоская или не очень заметная

Она отражает эгоизм, отсутствие чувствительности, лень, отсутствие духовности и простоты.

Этих людей не интересует ничего, что не связано с их личным благополучием. Они не проявляют никакого сочувствия к окружающим и не поддерживают их.

Гора Венера тонкая и немного мясистая

Это говорит об отсутствии величия, мелком эгоизме и зависти. Такие люди немного жадны. Они редко готовы на щедрые поступки.

Гора Венеры мало выдающаяся и без линий

Он отражает спокойный, контролируемый и холодный характер. Они могут успешно заниматься любой профессией.

Гора Луна

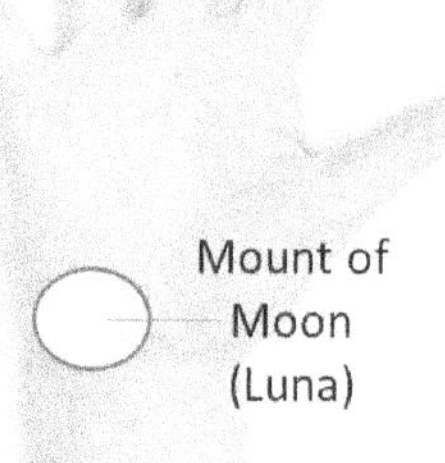

Он связан с воображением, романтикой и путешествиями.

Если она сильно развита, то человек может понимать других, поскольку это качество связывает его с потребностями окружающих. Иногда очень выраженная Гора может переходить в чрезмерно эмоциональное отношение, что означает неспособность рассуждать.

У тех, кто обладает способностью к пророчеству, развита Лунная гора. Если она чрезмерно развита или отсутствует, это говорит о склонности ко лжи или фантазированию. Если она слабо развита или отсутствует, это говорит о том, что человек лишен воображения.

.

Нормальное крепление Луны

Эти люди наделены богатым воображением и тяготеют к письму. Они, как правило, культурны и образованны. Они всегда витают в облаках, но при этом дружелюбны и разговорчивы.

Гора Луны возвышается.

Указывает на раздражительность и нестабильность. Это капризные и суеверные люди, жаждущие престижного положения в обществе. Несмотря на несгибаемый характер, их обычно принимают благодаря их харизме. Они умны и обладают большой волей.

Гора Луны очень высокая

Эти люди дружелюбны и приветливы. Они обладают большой фантазией, ценят дорогие вещи и хорошие спиртные напитки.

Гора Луны плоская

Нечасто можно встретить этот знак, обладающий нейтральным и пессимистичным характером.

Гора Квадратной Луны

Она свидетельствует о чрезвычайно откровенном, честном, преданном, мужественном, смелом и бесстрашном характере. Эти люди обладают прекрасным здоровьем и большой моральной чистоплотностью.

Гора Узкой Луны

Это говорит о подозрительном и очень предусмотрительном, бережливом и лицемерном характере. Также, если квадрат уменьшается только в нижней части, то это говорит о застенчивости, нерешительности и умении скрывать свои чувства, эгоизме. С другой стороны, если они пересекаются достаточно глубоко, то это говорит о незрелости и неумении противостоять трудностям.

Линии ладони

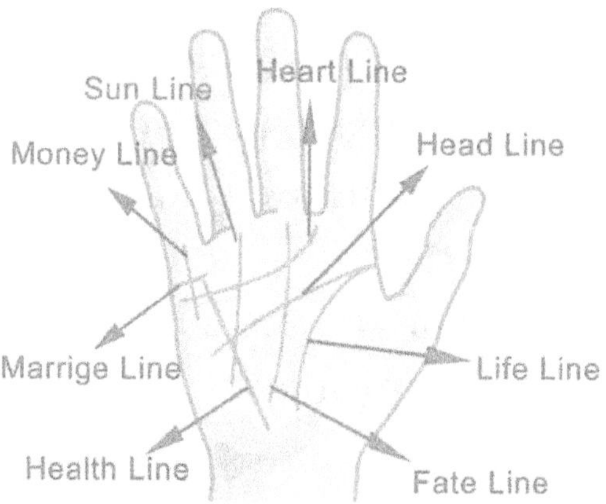

Существует пять основных линий, которые читаются для того, чтобы понять характер, потенциал и будущее человека.

К ним относятся: линия жизни, линия головы, линия сердца, линия судьбы и линия супружества.

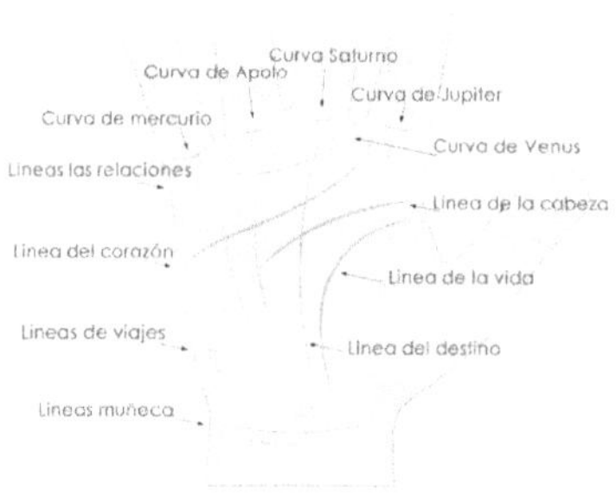

Основной треугольник

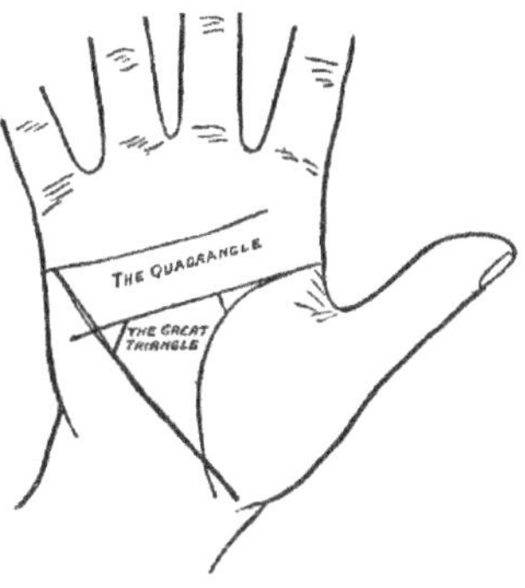

Этот треугольник образован линией Жизни, линией Головы и линией Солнца. Эти люди обладают крепким здоровьем и никогда не страдают от серьезных заболеваний или несчастных случаев.

Они обладают живым интеллектом и исключительной способностью к обучению.

Большой мажорный треугольник

В нем проявляются доброта, благородство чувств, чувствительность, честность, щедрость, некоторая застенчивость.

Как прямоугольник

Эти люди имеют склонность к магии и оккультным наукам.

Крупный треугольник Узкий

Это говорит о бережливости, граничащей с жадностью и мелочностью.

Основной треугольник находится далеко внизу (около отметок браслета)

Это свидетельствует о лени и отсутствии энтузиазма в отношении учебы и человеческих отношений. Эти люди любят одиночество и могут наслаждаться им даже без компании хорошей музыки или книги.

Хорошо видимый угол

Она предлагает живой интеллект и нравственное равновесие.

Нижний (или здоровый) угол

Она образуется линией Жизни и линией Солнца. Если она очень заметна, это говорит о здоровье, равновесии и интеллекте.

Угол долговечности

Ее образуют "Линия головы" и "Линия здоровья". Если эти линии хорошо видны и хорошо обозначены, то эти люди будут жить долго и здорово.

Малый треугольник

Она образуется линией Сатурна, линией Головы и линией Солнца. Если она хорошо выражена, то это говорит о том, что это умный и очень любознательный человек.

Линия жизни

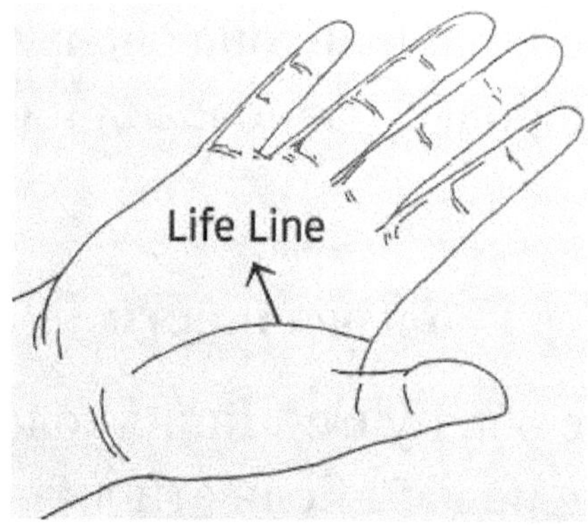

Эта линия проходит вокруг горы Венеры, огибая большой палец. Четкая, длинная линия указывает на общее хорошее здоровье и, возможно, более долгую жизнь.

Когда она слабее, менее прямая, это свидетельствует о слабости здоровья. Однако это не означает серьезного заболевания, а лишь говорит о том, что человеку необходимо больше заботиться о своем здоровье в целом.

Разрыв линии жизни свидетельствует о более серьезном заболевании, и качество линии жизни до и после разрыва покажет, насколько серьезно заболевание.

Если линия постепенно ослабевает и затем исчезает, а затем постепенно возвращается, то это свидетельствует о более длительном и изнурительном течении заболевания.

Внезапный, резкий, но короткий отдых свидетельствует о внезапном ухудшении самочувствия и может привести к несчастному случаю.

Если на переломе образуется квадрат, это свидетельствует о сильном и полном выздоровлении и считается хорошим предзнаменованием.

Нередко на ладони можно обнаружить двойную линию Жизни. Существуют различные мнения относительно значения этого знака. Обычно говорят, что она указывает на двойную силу в жизни, что может означать защиту, выносливость, необыкновенную силу воли.

В других случаях речь идет о поддержке в той или иной форме, которая может исходить от семьи и друзей. В некоторых случаях это можно трактовать как поддержку в жизни со стороны второй половинки, и часто это трактуется как признак долгих, прочных, полноценных отношений.

Двойная линия жизни часто четко прослеживается у близнецов, особенно однояйцевых. Последняя интерпретация, которая часто бывает верной, заключается в том, что она может указывать на две очень сильные жизненные карьеры. Двойная линия жизни неизменно встречается у людей, обладающих исключительными талантами и исключительными личными качествами.

В большинстве случаев линия Жизни и линия Головы начинаются как единое целое, быстро разделяясь под горой Юпитера. Если они оказываются едиными на всем протяжении пути под этой горой, то это говорит о том, что человек слишком чувствителен и зависим. Там, где они не соприкасаются и разделены с самого начала, - высокий уровень независимости.

Хотя обычно она поднимается выше большого пальца и ниже горы Юпитера, иногда можно обнаружить, что Линия Жизни поднимается прямо из горы Юпитера. Это свидетельствует о сильных лидерских качествах, не свойственных человеку. Выходя из этого места, Линия гораздо прямее, чем обычно, и это говорит как о доминирующей воле, так и о прямом жизненном пути, направленном на то, чтобы вести за собой других.

Это общая характеристика тех, кто в той или иной форме добивается власти и влияния в мире. Лидерство в любом случае осуществляется по этим принципам, будь то на уровне местного самоуправления, в бизнесе или в высших эшелонах власти.

От линии Жизни часто отходят небольшие линии, свидетельствующие об успехах или улучшениях в жизни человека, в том числе об улучшении состояния его здоровья. Направление, в котором направлены эти линии, указывает на характер улучшения.

Линия, поднимающаяся от Линии Жизни и заканчивающаяся на горе Сатурн, показывает успех, достигнутый благодаря усилиям и труду.

Линия, заканчивающаяся на горе Юпитера, показывает успех через лидерство.

В Аполлоне линия показывает успех в области искусства и в этом случае часто свидетельствует о вероятной славе человека в избранной им области.

Линия, заканчивающаяся на Меркурии, связана с успехом в целом и обычно указывает на успех в любой выбранной области, в частности, благодаря силе переговоров.

Линия, идущая к Луне, указывает на беспокойную натуру, стремящуюся к постоянным переменам. Если линия ярко выражена и идет вглубь горы, то это предупреждение о том, что человек может искать стимул в искусственных средствах, включая наркотики и алкоголь.

Длина линии жизни, как это ни удивительно для некоторых, не является абсолютным показателем продолжительности жизни человека. На самом деле, линия жизни, доходящая до середины ладони, пусть и короткая, считается лучшим признаком долгой жизни.

Линия, проходящая близко к Лунной горе и плотно окружающая ее, считается признаком короткой жизни, независимо от фактической длины линии. В большинстве случаев длинная линия Жизни, проходящая по центру ладони и заканчивающаяся под Лунной горой или большим пальцем, свидетельствует об исключительном долголетии, в то время как более короткая линия, проходящая близко к Лунной горе на всем ее протяжении, указывает на меньшую продолжительность жизни.

Если эта линия присутствует на обеих руках, то по ее длине можно судить о продолжительности жизни ее владельца.

Длинные, красные, очень четкие и показывают долгую жизнь, полную удовлетворений, которая завершится блаженной, безмятежной и окруженной лаской старостью.

В виде цепочки - хрупкое здоровье, неустойчивая нервная система, переменчивое настроение и нездоровая чувствительность. Четкое отражение нежного здоровья, меланхолии, неудовлетворенности и интеллектуального призвания.

Очень тонкий, и характерен для гиперчувствительных, невротичных и неуравновешенных людей. Жить рядом с ним, конечно, трудно.

Плохо прорисованный, неровный, слегка зигзагообразный рисунок и крайне хрупкое здоровье. Кроме того, эти люди обычно обладают переменчивым и нерешительным характером.

При нескольких перебоях, чем больше перебоев, тем больше заболеваний. Продолжительность жизни будет зависеть от длины линии.

Если этот знак виден только на одной руке, то это означает, что у человека была или будет серьезная, но не смертельная болезнь.

ГЛАВНАЯ

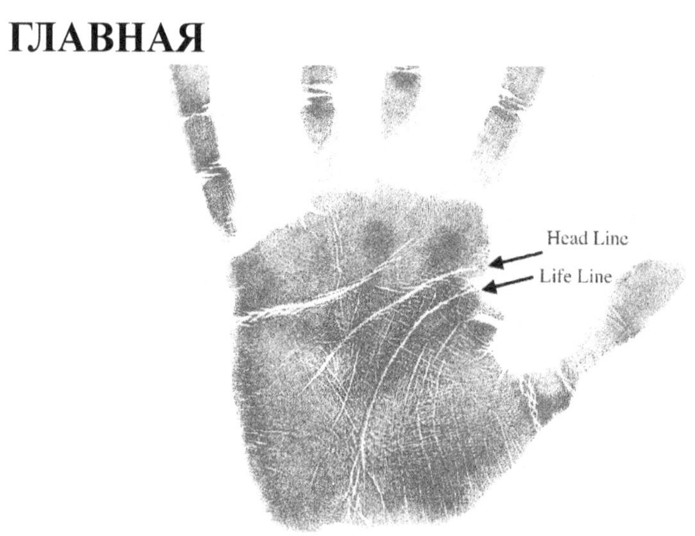

Эта линия связана с умственными способностями человека, а также с его силой воли, независимостью и уверенностью в себе. Обычно, как уже говорилось выше, по Линии Жизни вы поднимаетесь как Антон. Это говорит о том, что большинство людей в раннем возрасте привязаны к семье или зависят от опекунов. Чем раньше линии отделятся друг от друга, тем лучше знак с точки зрения независимости воли, ума и тем больше чувство уверенности в себе.

Там, где Главная линия поднимается в одиночку, особенно с горы Юпитера, знак характеризуется исключительной уверенностью в себе, авантюрным характером и любовью к азарту.

Считается, что если связь с Линией Жизни сохраняется в течение длительного времени, то это свидетельствует о том, что человек обладает натурой, лишенной уверенности в себе, или о том, что он плохо развивается в одиночку, или о том, что у него нет крепких семейных связей.

Это также может свидетельствовать о том, что семья и дом всегда будут для человека приоритетнее, чем любая другая сфера жизни.

Если она сильная и проходит прямо через ладонь, то это говорит о здравомыслящем человеке, обладающем сильными умственными способностями. Она также показывает человека практичного и знающего, ценящего все тонкости жизни.

О счастливом и открытом нраве свидетельствует линия головы, которая проходит прямо через ладонь, а затем на полпути по всей длине изгибается вниз. Это свидетельствует о хорошем воображении и здравом смысле, а также о признании мелочей жизни.

Изгибаясь вверх, Главная линия дает мощную способность делать деньги, и это подчеркивается, если линия проходит в направлении горы Меркурий или достигает ее.

На некоторых ладонях можно обнаружить двойной заголовок, что говорит об успехе в жизни. Двойная линия может проходить по всей длине основной линии или только по ее части.

Если линии на его пути сходятся, это говорит о том, что успех будет сопровождать человека на протяжении всей его жизни в любой области, которую он выберет для себя.

О раннем успехе говорит вторая основная линия, появляющаяся рядом с линией жизни в самом ее начале, а об успехе, который приходит позже, свидетельствует двойная основная линия, появляющаяся позже вдоль линии жизни.

Иногда появляется двойная линия, которая также исчезает и возвращается, что свидетельствует о частых, но чередующихся периодах успехов и неудач в жизни.

Пространство, возникающее между линией головы и линией над ней, свидетельствует об открытости человека или о нескольких перспективах в жизни.

Если пространство узкое, то они видят мир по узкому фасаду, исключительно со своей точки зрения и с твердой уверенностью, что они всегда правы, а другие неправы.

Чем шире пространство, тем более открыт человек для других мнений и идей.

Очень часто основная линия и линия сердца, описанная ниже, сливаются и образуют одну линию. Такая линия известна как линия Семина. Она говорит о том, что сердце и разум человека слиты воедино.

Эта линия встречается очень редко, но она означает, что человек видит жизнь строго в черно-белом цвете и с трудом адаптируется к различным точкам зрения.

Они часто бывают упрямы и, как им кажется, руководствуются головой или сердцем.

 Они часто считают, что справиться со стрессом невозможно, и могут иметь холодную, логическую реакцию на стресс или любую эмоциональную ситуацию, либо чрезмерно эмоциональную натуру, которая делает их очень чувствительными и часто замкнутыми.

Однако при чтении линии Сисиана важно делать это в совокупности с остальной частью руки.

На самом деле, Линия может показывать сильную связь между разумом и эмоциями, а у некоторых людей - сильную личность, которая благодаря самопознанию обладает способностями к эмпатии и пониманию, выходящими за рамки нормы.

Четкий и хорошо обозначенный заголовок

Она свидетельствует о силе воли, наблюдательности, смелости, физической энергии и неустойчивом здоровье.

Прямой заголовок, пересекающий всю ладонь до края кисти.

Такая линия — это мелочность и жадность.

Эти люди обладают большой склонностью к точным работам, требующим точных и скрупулезных расчетов.

Линия головы без переломов, проходящая через ладонь к Лунной горе после пересечения плоскости Марса.

Эти люди обладают литературными способностями, идеалистичны и выражают свои чувства через поэзию. Эта линия может также свидетельствовать об интересе к изучению оккультных наук.

Линия головы слегка изогнута в сторону горы Сатурн

Это говорит о нечестности, лицемерии и беспринципности. Эти люди склонны к коммерции и бизнесу в целом.

Очень тонкий заголовок

Это говорит о высоком интеллекте, любознательности и жажде знаний.

Заголовок короткий, но прямой

Если он хорошо обозначен и имеет светлый цвет, то принадлежит ревнивому человеку, который обычно увлекается любовными страстями.

Прямой, цепной заголовок

Это свидетельствует о большом уме, сопровождаемом постоянными усилиями и силой воли.

Заголовок отделен от "Линии жизни".

Эти люди в значительной степени полагаются на собственные ресурсы; кроме того, они смелы и безрассудны. Если линия проходит определенное расстояние, примыкая к линии Жизни, то проявляется застенчивость, миловидность и чувствительность.

Окончание заголовка над линией сердца

Обычно это отражение идеалистически настроенных людей, полных благородных и глубоких чувств.

Двойной заголовок

Это говорит о невероятном везении, заработке в игре, наследстве, хорошо оплачиваемой работе или даже о браке по любви с богатым человеком. У таких людей исключительно легкая жизнь.

Змеевидный спасательный круг

Такие люди обычно обладают невозможным характером, они эгоистичны и вспыльчивы. Если линия не слишком извилиста, то эти недостатки будут проявляться мягче.

Головная часть, ведущая к горе Аполлон

В нем отражается человек, наделенный удивительной интуицией и способностью предотвращать события.

Линия сердца

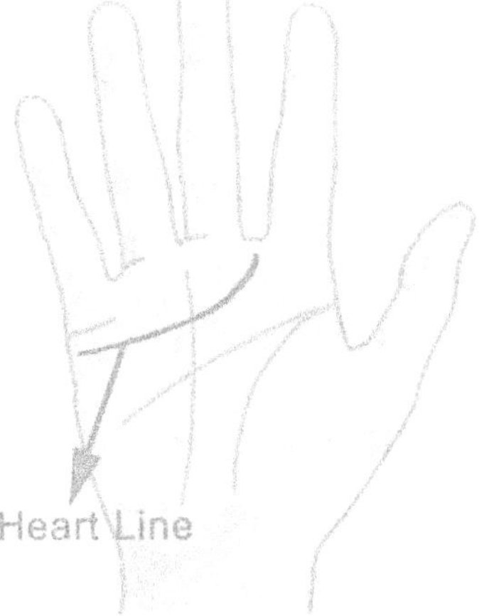

Линия Сердца проходит под горами Юпитера, Сатурна, Аполлона и Меркурия. Расположение важно при чтении по ладони. Оно связано с эмоциональной природой и взаимоотношениями человека.

Она часто особенно связана с романтическими привязанностями, но может показывать качество дружеских или семейных отношений человека. Если линия поднимается от горы Юпитера, она показывает человека, у которого в жизни будет меньше романтических связей, а также может быть меньше близких друзей.

Однако эти отношения будут длительными, а их связи будет трудно разорвать. Эти люди любят глубоко и страстно, что делает их верными и любящими, родителями или близкими друзьями. Когда линия поднимается от основания пальца Юпитера, эти черты проявляются в наибольшей степени, и в этом случае часто видно, что у человека в жизни будет только одна связь.

Если она поднимается от горы Сатурн, это говорит о том, что человек испытывает восторженные эмоции и глубоко взаимодействует с другими людьми. Если у тех, чья линия восходит на гору Юпитера, в жизни будет меньше близких личных отношений, то те, чья линия сердца восходит на гору Сатурна, будут иметь более широкий круг общения и, скорее всего, в течение жизни у них будет более одного значимого отношения. Если линия поднимается между горой Юпитера и Сатурном, это говорит о большом счастье в любви и отношениях, в которых дружба играет решающую роль. Это особый знак счастливого брака, основанного как на любви, так и на дружбе.

Чем ближе к внешнему краю ладони поднимается линия Сердца, тем менее благоприятны показания. Если линия поднимается вместе с линиями Головы и Жизни, то это дополнительно учитывается.

Основные линии, восходящие в этой области, указывают на личность, требующую постоянного внимания и не уверенную в себе. Считается, что, поднимаясь на краю ладони, эта линия показывает ревнивую натуру, а поднимаясь вместе с линией головы и жизни, - эгоистичную и стремящуюся к удовольствиям личность.

О трудностях во взаимоотношениях свидетельствуют линии сердца, которые поднимаются ниже по руке, а не у горы или ближе к ней.

Прерывистость линии свидетельствует о разрыве отношений или разочаровании в друзьях и партнерах. В некоторых случаях линия Сердца вообще отсутствует, и, хотя это не говорит о несвободе человека, качество этих отношений, скорее всего, будет поверхностным, и человек не сможет установить настоящую связь даже с самыми близкими ему людьми в жизни.

Те, кто не владеет линией Сердца, часто имеют в жизни несколько романтических партнеров, либо следующих друг за другом, либо часто в одно и то же время.

Это также относится к заболеваниям сердца и нарушениям кровообращения.

Короткая линия сердца

Если он не достигает ни одной из двух упомянутых гор, то это говорит об эгоизме, бесчувственности и отсутствии человечности.

Тонкая и нежная линия сердца

Такие люди никогда не выражают своих чувств и заботятся только о своем благополучии.

Линия сердца в форме цепочки

Это свидетельствует о непостоянстве чувств, любви и дружбы. Обычно такие люди любят покрасоваться. Это также отражает определенную предрасположенность к анемии и лимфатическим заболеваниям.

Прямая неразветвленная линия сердца

Это свидетельствует об абсолютном отсутствии великодушия и любви к ближнему, животным и природе.

Очень бледная линия сердца

В нем проявляется большая чувственность, легкость чувств и, возможно, некоторая безнравственность. Для таких людей старость — это всегда печальный период, отмеченный одиночеством и сожалениями.

Линия сердца прямая, без переломов, очень выраженная и простирающаяся по всей руке.

Обычно она присутствует у жестоких, агрессивных, авторитарных и самонадеянных людей, которые делают окружающих несчастными. Если линия Сердца соединяется с линией Головы или Линией Жизни и образует крест на горе Юпитера, то у этого человека будет сложный брак.

Несколько мучительная линия сердца

Это говорит о жадности и эгоизме.

Отсутствие линии сердца на одной руке

Это свидетельствует об абсолютном отсутствии любви к ближнему, а также о стремлении к деньгам и власти. Что касается здоровья, то такие люди склонны к сердечно-сосудистым заболеваниям.

Двойная линия сердца

Этот своеобразный знак - щедрость, большая доброта, любовь ко всем существам и культ дружбы.

Линия сердца, пересекающая гору Юпитера и идущая к тыльной стороне руки.

Такие люди обычно тратят все свои силы на бесполезные и беспорядочные любовные связи.

Линия сердца, завершающаяся двумя открытыми ветвями на горе Юпитера

Он показывает удачу, счастье и любовь.

Линия сердца, кульминирующая в горе Юпитера у указательного сустава

Она отражает несчастную жизнь, полную страданий и проблем. Несмотря на такую пугающую перспективу, эти люди симпатичны, у них насыщенная эмоциональная жизнь и много друзей.

Линия сердца заканчивается между указателем и сердцем.

Их владельцы ведут очень активную жизнь, хотя удача не всегда им улыбается.

Обычно они работают до глубокой старости. Если какая-либо ветвь направлена к горе Юпитера, то она обладает добротой, сладостью и энергичным характером.

Линия сердца с тремя ветвями, направленными к горе Юпитера

Удача улыбнется этим людям, хотя, возможно, и с запозданием. Они будут пользоваться почетом и благополучием.

Линия сердца, заканчивающаяся над горой Сатурн, с разломами в конце.

Она отражает судьбу, прерываемую периодами счастья. Если переломы обильные и очень выраженные, то у этого человека будет много любви, но он не будет счастлив.

Прерывание линии электропередачи под горой Аполлон

Это говорит о политическом и социальном разочаровании.

Прерывание линии сердца под горой Меркурий

Она отражает лживого, бесчувственного, расчетливого и умелого человека.

Линия судьбы

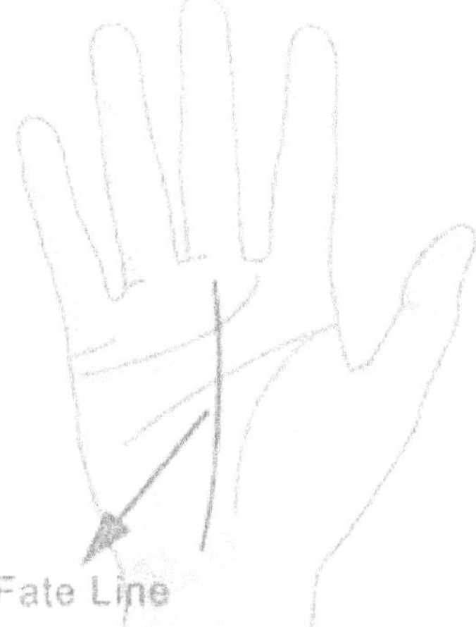

Это очень неверно истолкованная линия на ладони. Судьба в этом смысле не понимается традиционными пальметтами как неизбежное в жизни. Традиционное значение этой линии лучше всего понимать как успех, которого можно ожидать в жизни, и трудности, с которыми можно столкнуться.

В этом смысле внешние воздействия также считаются судьбой, и эти воздействия могут быть как благоприятными, так и вредными. Линия проходит на большинстве рук от запястья прямо по ладони в направлении горы Сатурн.

Линия судьбы, идущая непрерывно и очень четко, указывает на жизнь, в которой путь прост, прямо и в которой человек не будет испытывать больших трудностей и препятствий по мере своего продвижения по жизни.

Хотя линия должна идти в направлении горы Сатурна, обычно она заканчивается где-то до ее достижения.

Если он бежит в сторону Горы или Пальца, то знак менее позитивен и говорит о том, что человек будет постоянно стремиться к невозможному, чтобы достичь недостижимых для него целей.

Успех, достигнутый упорным трудом и усилиями, показывает линия судьбы, которая больше направлена к горе Юпитера, чем к горе Сатурна. Линии, соединяющие линию Судьбы с горой Луны, показывают влияние других людей на человека.

Чем громче и четче эти линии, тем сильнее эффект. Они обычно показывают одно изменение, вызванное другим, и, как правило, свидетельствуют о положительных изменениях для человека, на ладони которого они появляются.

Если линия Судьбы заканчивается на линии Сердца, то считается, что человек будет вынужден идти на жертвы в жизни из-за любви или преданности близким. Это может означать, что ему придется ставить других выше себя и, возможно, он так и не сможет полностью раскрыть свой потенциал.

Перерывы в линии назначения свидетельствуют об изменениях в обстоятельствах и часто связаны с перемещениями в географическом смысле. Они также могут свидетельствовать о новых профессиях или перемещениях, обусловленных профессией человека.

В некоторых случаях линия Судьбы поднимается гораздо выше на ладони, вплоть до линии Головы или Сердца. В этих случаях она указывает на успех в более позднем периоде жизни и, как правило, свидетельствует о том, что ранний период жизни человека будет отмечен борьбой, трудностями и разочарованиями.

В некоторых случаях линия предназначения не видна или кажется слабой. Традиционно считается, что это говорит о том, что жизнь будет очень спокойной, в ней мало что изменится, но и препятствий будет немного.

Если она длинная, четкая и представляет собой два разветвления при достижении горы Сатурна, то она будет успешной во всех областях.

Если она заканчивается у основания среднего пальца, то это означает богатство, связанное с получением наследства или азартными играми. Что касается любви, то она указывает на счастливый со всех точек зрения брак.

Если Вы родились в Линии Жизни, то благоприятные перемены в жизни этого человека произойдут в нужное время. Эти перемены принесут вам финансовое благополучие и много удовлетворения.

При рождении в Марсе благоприятные изменения произойдут примерно в двадцатилетнем возрасте.

Для родившихся на Горе Луны особенно благоприятны перемены, свадьба с любимым и важным человеком.

У родившихся в Головном знаке благоприятное изменение произойдет примерно в тридцать лет и будет иметь финансовые и профессиональные последствия.

Если вы родились на линии сердца, то благоприятные изменения произойдут примерно в сорок лет, но для этого эта линия должна быть чистой и розовой, и не иметь перебоев.

Если она рождается в браслете и заканчивается за второй фалангой среднего пальца, то устанавливает множество неудач, провалов и разочарований.

Если разветвления поднимаются сквозь пальцы и могут произойти настоящие удачи, то их столько же, сколько и разветвлений).

Если отростки спускаются к запястью, это говорит о том, что возникнут финансовые трудности.

Если она прерывается в нескольких точках, то каждый излом свидетельствует о неприятном эпизоде в экономической сфере.

Если она прерывается на высоте Линии головы, то это сигнализирует о том, что судьба прервется примерно в тридцать лет.

Если она прерывается на высоте линии Сердца, то это отражает удачу, радость, счастливый брак, здоровых детей и много больших удовлетворений.

Если есть горизонтальные линии, которые касаются ее, не пересекаясь, то это дает человека, которому завидуют за его качества, за его деньги или по другим причинам. Заговоры, вынашиваемые вокруг нее, не имеют успеха и, по сути, даже не касаются ее.

Если при его рождении появляются лишь небольшие знаки, линии, точки, ответвления, но сразу же он проводит прямую и четкую линию к горе Сатурн, то вначале у него будут трудности в работе или браке, но они будут преодолены радостными событиями.

Линия брака

Эта линия, или линии, поскольку их часто бывает несколько, обнаруживается под мизинцем, обычно только на горе Меркурий, и идет к ладонной стороне руки.

По сравнению с другими основными линиями, рассмотренными выше, линии брака значительно короче. Эти линии связаны со значимыми отношениями, которые человек будет испытывать, и эти линии относятся именно к привязанностям романтического характера.

Короткие отношения обычно не встречаются между этими строками и обычно относятся к более длительным отношениям, как правило, совместному проживанию пары, хотя это может быть характерно не для всех людей.

Относительная длина Линии примерно сопоставима с продолжительностью отношений, а расположение Линии между Линией сердца и основанием мизинца указывает на этап жизни, на котором начнутся отношения.

Поскольку по своей природе это очень короткие линии, их длина может вызвать затруднения у полмоста. Хорошим ориентиром является то, что линия, идущая от горы Меркурия по боковой стороне руки к другой стороне, почти до костяшек пальцев, будет указывать на долгосрочные отношения.

Это примерно максимальная длина, на которую могут простираться линии брака, половину этого расстояния будут составлять более короткие отношения, хотя они все равно будут иметь значительную продолжительность, а еще более короткие линии будут показывать отношения, которые могут длиться только годами.

Глубина и четкость линий, независимо от их длины, свидетельствует как о прочности отношений, так и о том значении, которое человек будет придавать им.

Таким образом, короткая, но глубокая и четкая линия может свидетельствовать об очень глубоких и увлеченных отношениях, которые прерываются, но остаются значимыми для собеседника.

По этой же причине длинная, но поверхностная и слабая линия брака может показывать отношения, которые длятся много лет и являются несчастливыми и неудовлетворительными, как правило, для обоих супругов.

Линия брака, расположенная очень близко к линии сердца, указывает на отношения, начавшиеся в раннем возрасте, обычно в подростковом.

Линия, проходящая посередине между линией Сердца и основанием мизинца, указывает на отношения, которые возникают где-то между (примерно) двадцатью и тридцатью годами.

Линии, начинающиеся выше на горе Меркурий и ближе к мизинцу, определяют отношения, которые начинаются в тридцатые-сороковые годы.

При чтении по ладоням эти возрастные диапазоны лучше всего рассматривать как ориентир, а в некоторых случаях можно использовать интуицию.

При чтении ладони учитывается также угол наклона линий брака.

Изогнутая вниз линия

Она показывает, что человек переживет партнера, с которым связана эта линия.

Когда палец изгибается вверх, в сторону пальца Меркурия

Это говорит о том, что человек не собирается вступать в брак или строить полноценные отношения в молодом возрасте.

Если линия заканчивается на развилке, то подразумевается, что отношения закончатся разрывом или разводом.

О разорванных брачных линиях говорят как об отношениях, омраченных неверностью одного или обоих участников отношений.

Если линия после становится слабее и заканчивается на развилке, то это, скорее всего, и будет причиной окончательного расставания или развода. Чем длиннее и слабее вторая часть линии, тем больше вероятность того, что конец отношений будет тяжелым и горьким.

В некоторых случаях после разрыва линия возвращается гораздо сильнее и глубже, и это является признаком того, что пара будет достаточно сильной, чтобы решить свои проблемы и построить лучшие отношения после преодоления значительных трудностей.

Очень тонкие линии, поднимающиеся вертикально от линий брака, показывают, сколько детей будет у человека.

Эти линии могут быть очень слабыми и лучше всего видны при легком сгибании пальцев. В этом случае поможет увеличительное стекло.

Более сильные линии указывают на потенциальный успех данного ребенка или, возможно, на ребенка, который будет более значим для родителя в его жизни. Эти линии могут меняться и, как правило, указывают на потенциальную, а не точную цифру. Они представляют собой число детей, которое с наибольшей вероятностью будет иметь человек.

Линии, поднимающиеся от линий брака, являются детскими и чаще всего появляются на женских руках, поэтому этот вторичный признак может быть полезен при чтении мужской ладони.

Если в вашей Линии Брака нет линий, обозначающих детей, но первый из браслетов прямой и четкий, это говорит о том, что в какой-то момент жизни вы станете отцом.

Незначительные линии и следы

Форма руки, пальцы, крепления и основные линии дают достаточно информации для полного прочтения любой темы. Однако существует несколько второстепенных линий и множество следов, которые могут появиться на ладони.

Эти линии и знаки появляются не на каждой руке, но когда они появляются, то дают более глубокое представление о характере и событиях, которые, вероятно, будут происходить с человеком.

Некоторые из этих линий имеют конкретные места расположения, другие - нет.

В целом эти знаки могут располагаться в любом месте ладони, и их значение связано с их расположением на самой руке. Несмотря на то, что эти линии и знаки считаются незначительными, их не следует игнорировать при чтении ладони, поскольку они часто содержат существенные подсказки о важных событиях в жизни и могут позволить более глубокое чтение.

Пояс Венеры

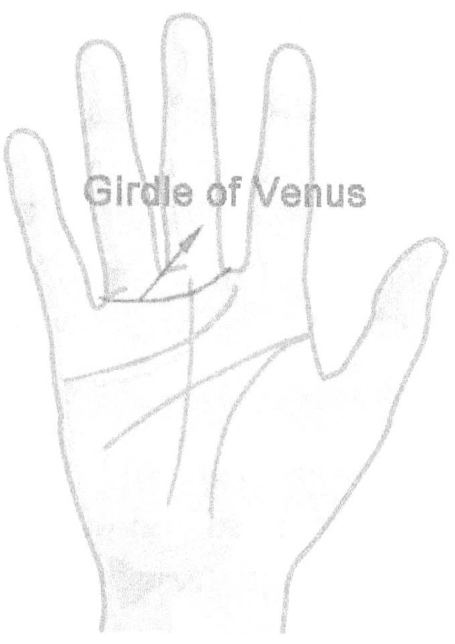

Эта линия находится выше линии Сердца и иногда описывается как вторая линия Сердца. Она имеет форму полукруга, поднимаясь между пальцами Юпитера и Сатурна и заканчиваясь между пальцами Аполлона и Меркурия.

Существуют некоторые споры о реальном значении этой строки, но традиционная точка зрения заключается в том, что она свидетельствует о крайне нервной и чувствительной натуре. Считается, что если пояс разорван, то эффект будет менее интенсивным.

Однако некоторые источники считают, что пояс Венеры и линия Сердца наделяют вдвойне любящую, любимую и чувствительную натуру.

Чаще всего это происходит, когда оба признака ясны и сильны, но если один из них сильнее другого, то обычно подразумевается, что у человека есть эмоциональные проблемы и ему трудно создавать длительные отношения.

Если линия проходит по боковой стороне руки, а не заканчивается между Аполлоном и Меркурием, то многие полемисты считают, что человек очень эмоционален и впечатлителен. Это может привести к нестабильности в личных отношениях, каков бы ни был характер этих отношений. Современные полемисты часто утверждают, что неподдающаяся измерению чувствительность таких людей помогает им переживать жизнь более нежно.

Линия Марса

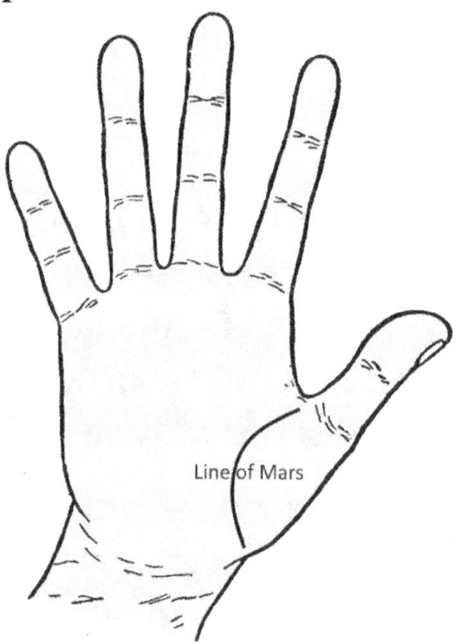

Это линия, идущая от горы Марса через большой палец и окружающая гору Венеры. Она часто рассматривается как вторая или двойная линия Жизни и свидетельствует о силе, смелости и решительности.

Ее можно трактовать как дополнительную защиту в жизни, способность преодолевать препятствия благодаря упорной целеустремленности или просто как то, что человеку предстоит много борьбы в жизни, для которой ему понадобится или нужно будет научиться использовать большую внутреннюю силу. В целом эта линия рассматривается как очень позитивная.

Если линия пересекает линию Жизни или идет к Лунной горе, то, по мнению многих, это дает резкий и вспыльчивый характер, который, хотя и не легко воспламеняется, может приводить к бурным и опасным вспышкам. В целом эта линия означает силу.

Линия здоровья (или Линия печени)

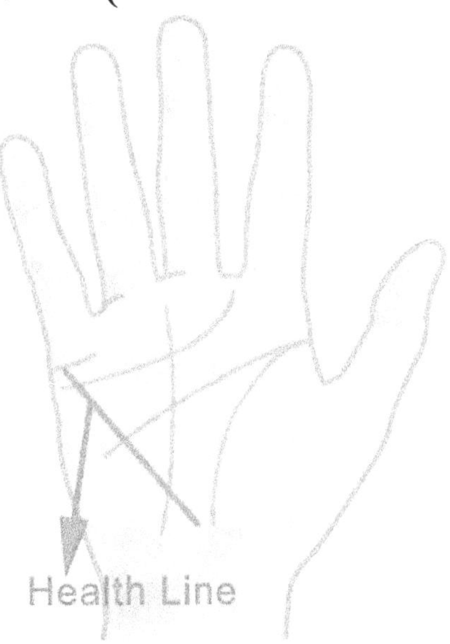

Это линия, которая обычно проходит через руку, и чем она прямее и четче, тем лучше предзнаменование. Однако она может проходить от горы Марса под Меркурием или от горы Юпитера.

Обычно она выглядит прямой, но в этих случаях проходит через ладонь под углом. Несмотря на название линии, ее появление на ладони не свидетельствует о хорошем здоровье, а является предупреждением о том, что проблемы со здоровьем в той или иной мере коснутся человека.

Чем выше на ладони расположена линия, тем раньше в жизни возникнут эти проблемы со здоровьем.

Если линия поднимается ниже по руке, то считается, что примерно на половине ладони во взрослой жизни, обычно примерно в среднем возрасте, проявляются проблемы со здоровьем.

Далее ладонь связана с проблемами со здоровьем в более позднем возрасте.

Если линия Здоровья нарушена, то это говорит о ряде заболеваний, которые будут влиять на качество жизни человека, хотя многие считают это предупреждением о том, что следует уделять больше внимания здоровью в целом, чем обычно.

Волнистая линия здоровья свидетельствует о нестабильном состоянии здоровья на протяжении всей жизни, хотя это может означать лишь то, что человек подвержен заболеваниям и ему следует позаботиться о сохранении здоровья.

Линия здоровья, пересекающая линию Линия жизни, свидетельствует о серьезном заболевании или болезни, которая будет влиять на качество жизни человека.

Если очень четко

Это говорит о том, что их владельцы обречены на долгую, здоровую и полную удовлетворения жизнь.

Если вы родились на линии жизни

Указывает на проблемы с сердечно-сосудистой системой. Из-за низкой физической выносливости эти люди не смогут заниматься спортом.

Если он рождается в горе **Луны и пересекает гору Марса, пока не достигнет горы Меркурия**

Проявляет щедрый, но капризный характер. Успех будет обусловлен легкостью речи.

Если она имеет извилистую форму

Это говорит о вспыльчивости, проблемах с желчью и нервном характере, небольших проблемах, которые не будут серьезными.

Если он рождается на горе Луны, то достигает горы Меркурия и рисует полукруг.

Это отражает большой интерес к оккультным наукам.

Если прерывается.

Это говорит о проблемах с пищеварением, которые вызывают некоторую раздражительность. Из-за состояния здоровья характер этих людей будет изматывающим для окружающих.

Если она разделена горизонтальными линиями

Это говорит о возможности возникновения достаточно серьезных заболеваний.

Линия успеха

Эта линия поднимается в любом месте руки, но всегда заканчивается на горе Аполлон, поэтому ее также называют линией Солнца. Она связана с успехом.

Современные трактовки считают, что она буквально приносит радость в жизнь человека, а традиционные пальметты определяют ее просто как большой успех в жизни. Как правило, точка, в которой поднимается линия, указывает, к какой сфере жизни будет относиться успех.

Если он поднимается вблизи линии Истины, то, как считается, это указывает на успех и финансовые достижения.

По линии Сердца она может относиться к успешным отношениям, но чаще всего она означает счастливую домашнюю жизнь и богатую семейную жизнь.

Появляясь с Лунной горы, воображение, вероятно, будет играть важную роль в достигнутом успехе, и это обычно связано с успехами в любой художественной области, но, скорее всего, в писательской.

Поднимаясь ниже по руке, Линия указывает на успех в начале жизни, поднимаясь ближе к горе Аполлон/Солнце, означает успех, достигнутый на более позднем этапе жизни и, скорее всего, благодаря многолетнему упорному труду.

Если он имеет глубокую маркировку

Он показывает еще большее богатство, известность, честь и славу.

При разделении на три ветви в конце

Он отображает тот же смысл, что и выше.

Если она заканчивается на горе Венеры, то с множеством более тонких линий.

Это неудачи, потеря денег, неудачные романы и предательство партнеров, соратников или соперников.

родился в районе Марса.

Это говорит о том, что профессиональный успех приходит ближе к двадцати годам.

Если вы родились на горе Луны

Он свидетельствует о том, что его владелец обладает большим талантом и находится под покровительством влиятельных людей, которые помогут ему достичь вершин славы.

рожденный по линии головы.

Эти люди достигают хорошей позиции без особых усилий, когда им уже близко к 30 годам.

рожденный по линии сердца

Успех будет обеспечен, но он придет в сорок лет или даже позже.

родился на Марсовой горе

Исключительная сила воли этих людей будет вознаграждена в зрелом возрасте.

Если его пересекает множество горизонтальных линий

Он показывает, что для достижения успеха потребуется преодолеть множество препятствий, зачастую сложных.

Отсутствие линии успеха

Это говорит о том, что бесполезно ждать или отчаиваться, потому что успех никогда не придет.

Линия интуиции (линия Меркурия)

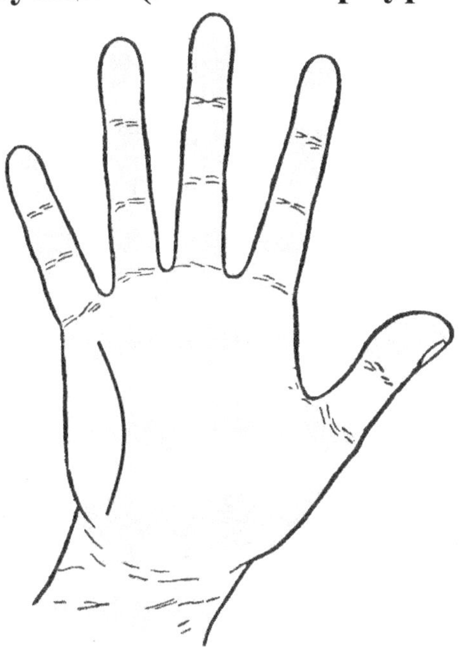

Эта линия поднимается от горы Меркурий и изгибается полукругом в сторону горы Луна. Ее название дает хорошее представление о качествах, которые она обнаруживает.

Люди с этой линией обладают глубокой связью с собственным внутренним "я" и могут казаться обладателями шестого экстрасенсорного чувства. Безусловно, они обладают мощной проницательностью и интуитивными качествами, которые отличают их от других людей.

Как правило, обладатели этой линии оказываются в нужном месте в нужное время.

В течение жизни они будут испытывать многочисленные вспышки видения или предвидения и обладать прекрасными способностями к эмпатии, умея сразу понять, когда другим угрожает опасность, а зачастую и понять причину проблемы.

Если она прямая, то хорошо выражена и не имеет изломов.

Он символизирует людей, наделенных большой интуицией и чувствительностью. Они также обладают экстрасенсорными способностями, поэтому, даже не осознавая этого, могут почувствовать кульминацию какого-либо события, печальную или блаженную.

Если его пересекают несколько горизонтальных и вертикальных линий

Судьба этих людей будет отмечена путешествиями, которые принесут им большое удовлетворение и позволят накопить столько информации, что они почувствуют потребность писать.

Если тип острова прерывается, то он в Лунной горе

Это говорит о том, что речь идет о людях, наделенных поистине удивительными экстрасенсорными способностями.

 Этот знак присутствует на ладони у всех медиумов.

Многие люди, но не все, обладают этой Линией в той или иной степени. Если она длиннее, глубже и четче, это говорит о том, что человек обладает этими способностями в больших количествах.

Добавлены строки.

Линия любви

Она начинается у основания указательного пальца, касается линии Разума и горы Меркурий и заканчивается в центре ладони.

Если он покажет канавку: союз будет знаменитым и счастливым.

Если она изгибается в сторону межпальцевой точки мизинца Аннулярией: свадьба гарантирована, однако, если она отклоняется к центру руки, Аннулярией: разочарования в любви.

Если она раздваивается на одном из своих концов: фатальный союз.

Если она разделена вертикальной линией: трудности и препятствия.

Если линия двойная: обманы в любви.

Если она берет начало на краю ладони и достигает горы Аполлона: счастливый союз.

Детская линия

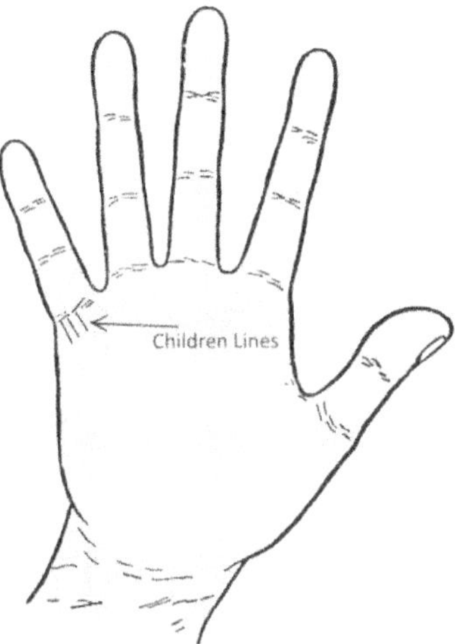

Это короткие линии, очерченные вертикально на краю ладони, вблизи горы Меркурий, конкретно под мизинцем.

Каждая строка: является сыном, самые длинные означают самцов.

Очень прямые линии: продаваемые дети.

Кривые линии: больные дети.

Линия отвращения

Она начинается на горе Венеры, проходит по линии Жизни и заканчивается в центре ладони.

Если коротко: отвращение, которое будет преодолено силой воли этого человека.

Линия Путешествий

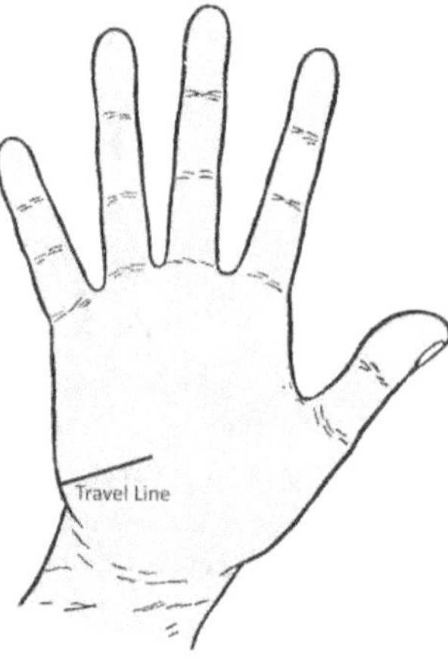

Их можно найти, пересекая Лунную гору. Линии, поднимающиеся от запястья и вертикально пересекающие гору, указывают на длительные путешествия и путешествия, которые будут иметь большое значение в жизни человека.

Самые короткие путешествия пересекают Гору по горизонтали, и любая линия путешествия, горизонтальная или вертикальная, которая касается Линии назначения, указывает на путешествие, которое окажет особое влияние на человека. Это влияние будет постоянным и может свидетельствовать о путешествии, которое принесет изменения, оказавшие глубокое влияние на направление жизни данного человека.

Любая линия путешествия, заканчивающаяся крестиком, говорит о разочаровании в этой поездке, хотя разочарование может быть и незначительным.

Браслеты или браслеты

Браслеты опоясывают запястье, и обычно их бывает три.

От ближайшей к ладони — это здоровье, богатство и счастье, и четкость каждой из них дает общее представление о характере каждого из этих аспектов в жизни человека.

Принято считать, что они дают представление о трех стихиях на протяжении всей жизни, хотя браслеты могут незаметно меняться в течение жизни.

Разрывы или цепочки в браслетах означают, что в жизни будут встречаться препятствия, связанные с конкретной областью.

Чем четче линия, или чем более она разорвана или раздроблена цепями, тем больше проблем и препятствий она покажет.

Некоторые люди имеют четыре браслета, что традиционно трактуется как знак долголетия.

Если первый из браслетов, связанный со здоровьем, загибается вверх к ладони, образуя дугу, то считается, что эта линия говорит о том, что человек не станет отцом.

Млечный путь (или ласковый путь)

 Это не сама линия, а скорее ряд линий, идущих параллельно горе Луны. Она отражает восприимчивость к мистике и экстрасенсорным способностям.

Если она прямая, вертикальная и хорошо прорисованная, то это символизирует наличие оккультных сил. Если он кривой, то это символ сексуальной развращенности.

Кольца

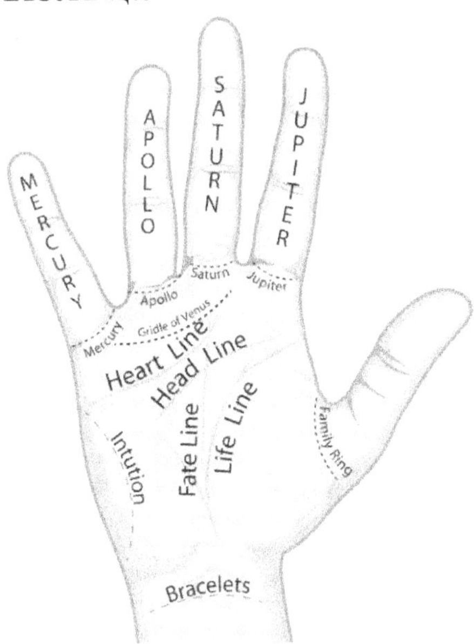

Это полукруги, расположенные у основания пальцев. Всего их пять: кольцо Венеры, Юпитера, Соломона, Сатурна и Аполлона. Они присутствуют не на всех руках.

Эти четыре кольца появляются у основания пальцев в форме полукруга на горах под соответствующим пальцем.

Их не следует путать со складками, образующимися у основания пальца и обозначающими нижнюю часть третьей фаланги. Кольца в основном редки и не часто встречаются на ладони, в одних случаях они усиливают качества мантов, в других - придают негативную коннотацию, показывая препятствия или блокираторы по отношению к области, охватываемой мантами.

Кольцо Соломона

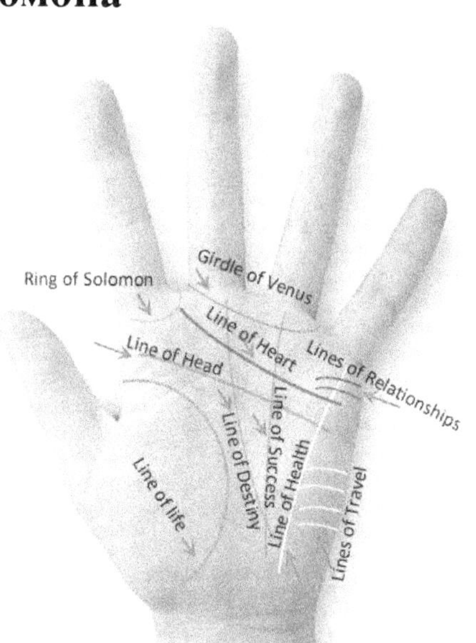

Считается, что это кольцо, найденное на горе Юпитера, усиливает лидерские качества человека.

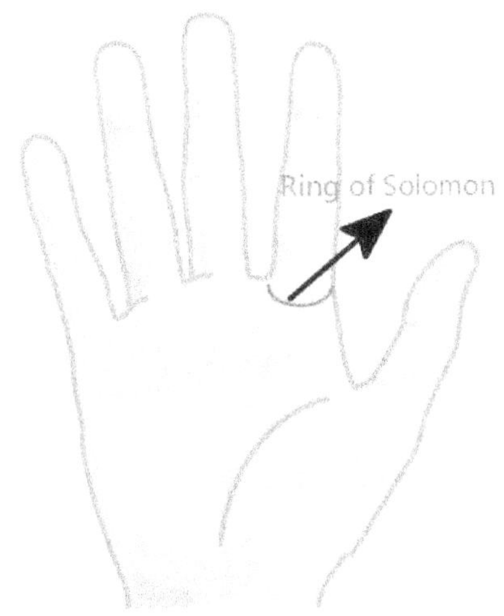

В целом эти люди не только обладают исключительными лидерскими качествами, но и имеют открытый ум, толерантную натуру и очень философски настроены.

Это прирожденные лидеры, чей авторитет редко подвергается сомнению со стороны тех, кого они ведут за собой. В отличие от других колец, кольцо Соломона воспринимается как исключительно положительное влияние на человека.

Кольцо Сатурна

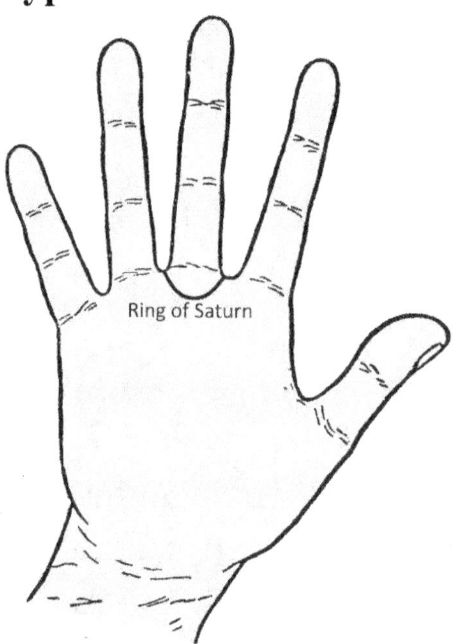

Этот знак встречается нечасто и не является положительным. Он имеет форму полукруга на горе Сатурн и указывает на характер человека, которому предстоит столкнуться с многочисленными трудностями в жизни. Характер этих трудностей может быть различным, но обычно они вызваны тем, что человек берет на себя ответственность, превышающую его обычные возможности.

В некоторых случаях эти обязанности могут быть навязаны другими людьми или спровоцированы непониманием собственных возможностей.

Чем ближе к основанию пальца находится эта линия, тем больше человек будет бороться с делами, выходящими за рамки его возможностей, попадая в ловушку трудностей.

В появлении этой линии также присутствует элемент лишения свободы. Она также понималась как тюремное заключение и, как считалось, обычно находилась в руках каторжников.

Кольцо Аполлона

Это кольцо воспринимается негативно, считается, что оно блокирует умственные и творческие способности Аполлона. Обычно оно появляется и исчезает в разные периоды жизни. Если Гора и палец Аполлона демонстрируют талант в области искусства, литературы или науки, но при этом присутствует это кольцо, то это, скорее всего, указывает на то, что человек в данный момент чувствует себя заблокированным.

Если крепление и палец показывают отсутствие этих качеств, то при желании человек может путем сознательных усилий, направленных на обучение и творческую деятельность, развить эту сторону своей жизни.

Кольцо Венеры

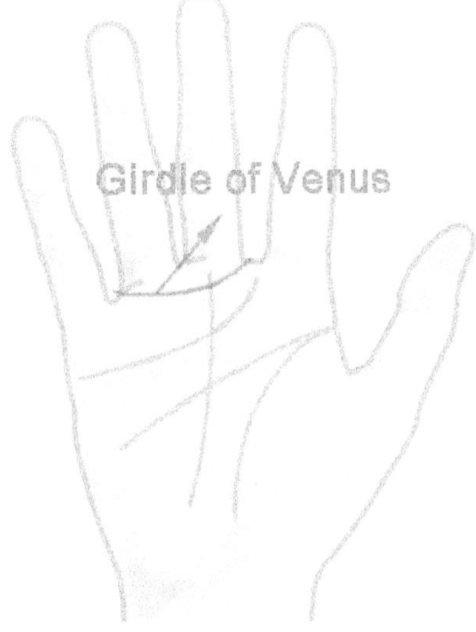

Она начинается между мизинцем и безымянным пальцем и заканчивается между средним и указательным пальцами. Она свидетельствует о чувственности и любви к оккультным наукам и мистицизму.

Целый, в маленькой руке, пальцы которой не заострены, интерес к оккультным наукам.

Прерванная или неполная центральная часть, острая сексуальная активность. Если рука мягкая и влажная, а пальцы направлены, это свидетельствует о разврате.

Со звездой в центре, насилием и преувеличенной ревностью.

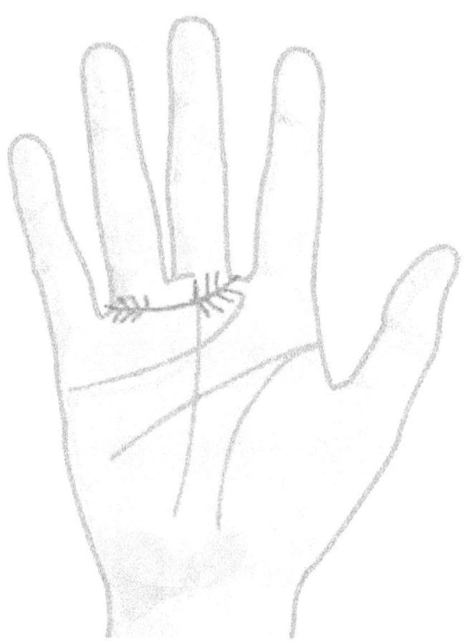

Кольцо Меркурия

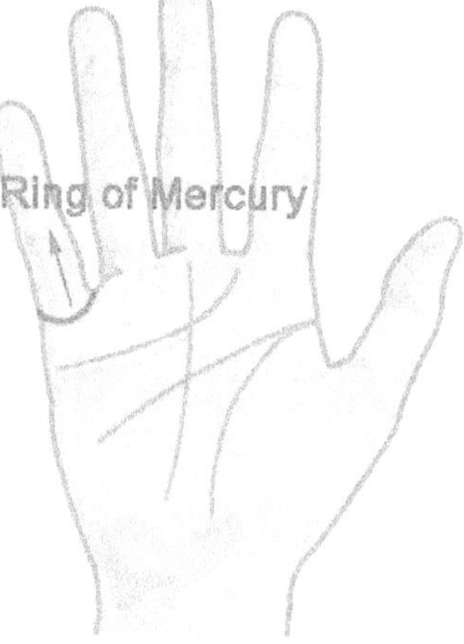

Оно блокирует присущие аспекту Меркурия способности, связанные с бизнесом, профессией, финансовыми навыками и удачей. Там, где появляется это кольцо, подразумевается, что человек привязан к тому, что затрудняет ему достижение финансового успеха.

Оно может свидетельствовать о неудачной сделке или просто о том, что человек застрял в профессии, которая сдерживает его потенциал. В целом это кольцо можно рассматривать как предупреждение о том, что человеку следует задуматься о переменах в этой сфере своей жизни, чтобы максимально реализовать свой потенциал.

Кольцо Меркурия - еще одна марка, которая может спорадически появляться в периоды особых проблем.

Более мелкие символы, которые встречаются на многих ладонях, сами по себе не имеют конкретного значения, но их смысл определяется расположением на ладони.

Знаки на руках

Крест

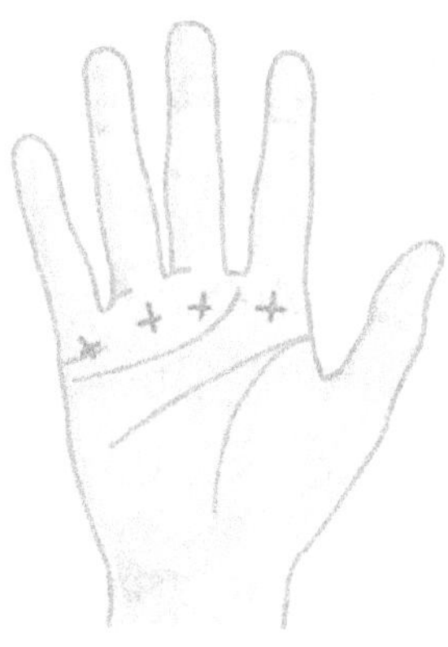

На Юпитере

В данном случае крест является знаком счастливого брака или романтических отношений.

На Сатурне

Это свидетельствует о глубоком интересе к духовности, возможно, даже о профессии в рамках духовной традиции.

В Apollo

Это неудача или изменение в работе или, хотя это может быть просто изменение направления, а не положительное или отрицательное событие.

На Меркурии

Нечестность, связанная с бизнесом или деньгами. Это может быть связано не с нечестностью самого человека, а просто с тем, что он пострадает от такого рода нечестности.

На Марсе

Под Меркурием: разочарование в любви или браке, знак эмоциональных проблем, вызванных отношениями.

На Марсе

под Юпитером: предупреждение о физической опасности или насилии, вызванном конфликтом.

В Луне

Предупреждение о проблемах, вызванных воображением или фантазией, возможно, связанных с проблемами, вызванными ложью.

На Венере

Проблемы или неурядицы дома, оказывающие сильное влияние на эмоциональное состояние человека.

На линиях

Как правило, показывает препятствие в области, охватываемой линией.

На линии судьбы

Это серьезное препятствие на пути к успеху в жизни.

Звезда

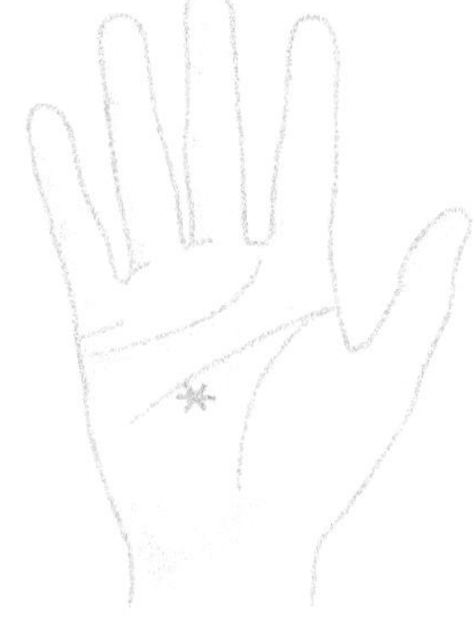

На Юпитере

Найдите друзей и влиятельных партнеров, чье влияние принесет удачу в жизнь человека.

На Сатурне

Рядом с пальцем указывает на болезнь, несчастный случай или смерть кого-то значимого в жизни обладателя знака. Ниже - о наследственности.

В Apollo

В этом месте звезда указывает на богатство и удачу, но без счастья. Часто говорят, что она указывает на великие достижения, которые достаются дорогой ценой.

О ртути

Указывается Богатство, полученное в результате упорного труда и усилий.

На Марсе, под Меркурием

Это означает триумф в борьбе за дело и, как правило, в помощи другим.

На Марсе, под Юпитером

А также в связи с победой в физической борьбе. Этот бренд часто встречается в руках политиков.

В Луне

Успех приносят произведения воображения, как правило, в области литературы или искусства, хотя может быть показана любая творческая область.

На Венере

Счастье и удовлетворение в семье, достаток в личной жизни.

На линиях

Обычно это свидетельствует о буквальном успехе в области, имеющей отношение к линии. Если линия заканчивается звездой, то это знак того, что человек при жизни станет каким-то образом знаменитым. На линии успеха — это гарантия богатства и славы.

Треугольник

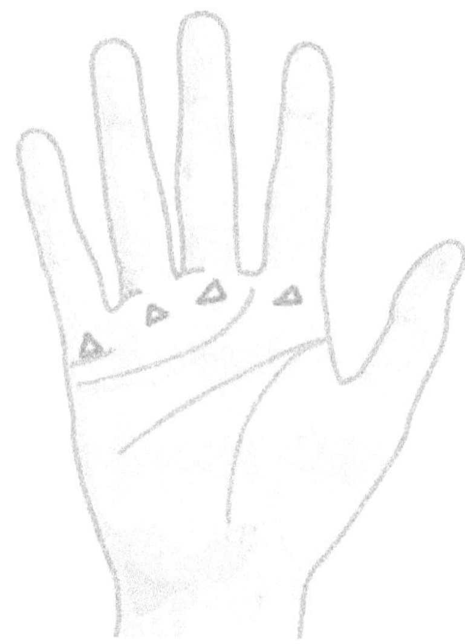

На Юпитере

Означает силу и уверенность человека в себе, а также то, что он обладает необходимыми навыками, чтобы реализовать и оправдать ожидания, которые возлагает на него другой.

На Сатурне

Глубоко духовная личность, практически предназначенная для формальной роли в религиозной традиции.

В Apollo

Суржик творческий талант в сочетании с практическими навыками; человек, способный творчески подходить ко всем сторонам жизни.

О ртути

Устойчивый интерес к политике и мощные коммуникативные навыки, возможно, знак резидента р или журналиста.

На Марсе, под Меркурием

Он предполагает мощные интеллектуальные способности, а также высокоморальное отношение к жизни, умение сочетать мысль и действие для достижения результата.

На Марсе под Юпитером

Мощный ковчег для всех, кто связан с военными. Он приносит умение расставлять приоритеты и большое мужество.

В Луне

Сильные навыки использования воображения для решения практических задач. Инженеры, детективы, скульпторы могут демонстрировать эту марку.

На Венере

Любовь к порядку и мощное чувство самоконтроля и уверенности в себе.

На линиях

Марка будет относиться к конкретной линии, но при этом доказывает практичность и быстроту мышления. Для рассмотрения треугольник должен быть четко определен; образования, образуемые пересечениями линий, могут быть проигнорированы.

Площадь

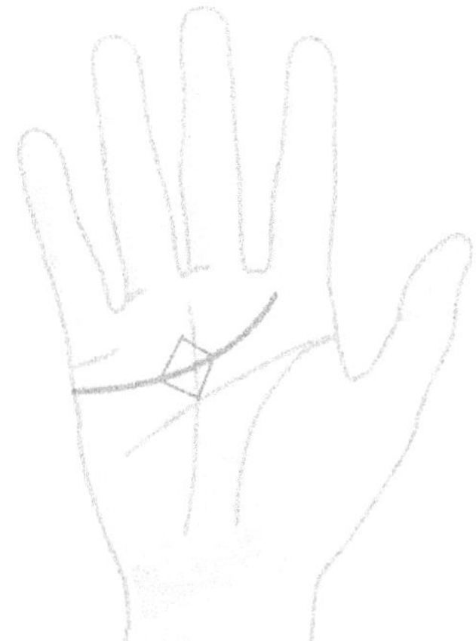

Где бы он ни появился, знак квадрата приносит защиту.

На горе Юпитер

Он обеспечивает защиту от чрезмерных амбиций как самого человека, так и окружающих его людей.

На Сатурне

Боритесь с темными аспектами, которые может давать Сатурн, в том числе с депрессией и покинутостью.

Аполлон

Аортальный баланс и здравый смысл наряду с
практичностью творческой стороны личности
- мощная комбинация для достижения успеха.

О ртути

Он наделяет человека спокойным характером,
который легко справляется с кризисами и
защищает от финансовых проблем.

На Марсе, под Меркурием

Защита от врагов в целом и в частности.
Защита от порчи отношений.

На Марсе, под Юпитером

Этот знак предполагает защиту от физического
вреда даже в потенциально опасных
ситуациях.

О компании Луна

Здесь присутствует баланс между реальностью
и воображением. Отличное сочетание для

творческих натур. Она также защищает от фальши.

На Венере

Стабильность и безопасность дома демонстрирует этот бренд, он предполагает прочные отношения и надежные семейные устои.

В линиях

Защита Брандера на жилую площадь, охваченную линией. Выздоровление от болезни предлагается в случае ее появления на "Линии жизни". In the Line of Destiny приносит защиту во всех сферах жизни и обещает плавный переход через трудности по мере их возникновения.

Копье

На Юпитере

Копье, имеющее форму наконечника стрелы или трехконечной вилки, на этой горе

символизирует достижение большого успеха,
который может прийти в любой сфере жизни.

На Сатурне

Она привносит в меланхоличную и
мистическую природу Сатурна резкую ясность
и говорит о том, что человеку помогут великие
прозрения и мудрость.

В Apollo

 Я обладаю высокими вдохновляющими
качествами, которые помогут добиться успеха
в искусстве или науке.

О ртути

Динамичные деловые навыки, которые
приносят большое богатство через торговлю.

На Марсе, под Меркурием

Это говорит о большой смелости в выражении своего мнения или выступлении в защиту других.

На Марсе, под Юпитером

В нем ярко выражена большая физическая сила, мужество и выносливость.

В Луне

Она усиливает воображение человека, создавая из него визионера. В этом случае практические навыки следует рассматривать в другой части ладони, чтобы эти видения не превратились в галлюцинации.

На Венере

Способность испытывать удовольствие во всех его проявлениях и умение радоваться даже мелочам жизни.

На линиях

В жизнь войдет великая сила или мощь, как правило, позитивного характера. На линии судьбы - энергичная личность, способная успешно справиться с любым жизненным испытанием.

Сетка

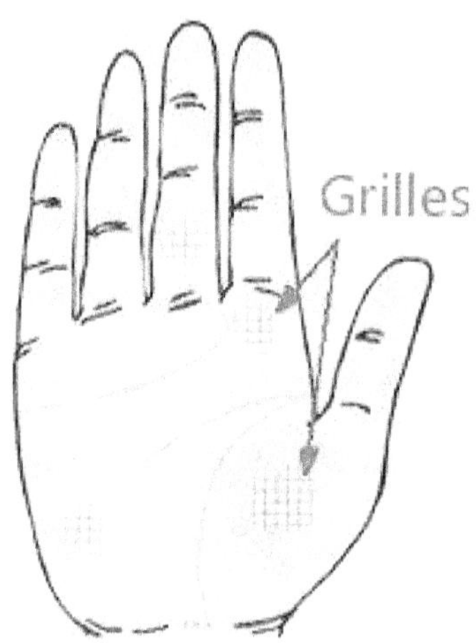

Сетка представляет собой блокады, ловушки или тюрьмы.

На Юпитере

Гордость предполагает, что она принесет неприятности или даже гибель человеку.

На Сатурне

Это говорит о психических проблемах, в частности о депрессии и эмоциональной зажатости, к которой она может привести.

В Apollo

Творчество под этим брендом подавляется или может выражаться поверхностно, не принося человеку большой пользы.

Над ртутью

Это предупреждает о стремлении взяться за множество проектов одновременно, что, скорее всего, приведет не к успеху, а к неудаче.

На Марсе, под Меркурием

Эмоциональное расстройство или неспособность к эффективному самовыражению.

На Марсе, под Юпитером

Неуправляемый характер с вспышками ярости. Возможно, признак физического лишения свободы.

На Луне

Он указывает на одержимость путешествиями, которая мешает человеку добиваться успеха в других сферах жизни и может привести к беспокойному и неудовлетворенному характеру. Поскольку линии путешествий образуют сетку, то, если предполагается много поездок, при толковании этого знака следует соблюдать осторожность. Сетка в этом случае должна быть очень четким и определенным изображением.

На Венере

I несчастье дома и в семье, сложные взаимоотношения, отсутствие связи или безопасности в семье.

На линиях

Суржик должен быть зажат. Место падения знака следует рассматривать с точки зрения Линии, на которой он появляется. Однако, скорее всего, он будет найден в Горах, и его не следует путать с пересечениями небольших линий, которые могут свидетельствовать о других факторах.

Остров

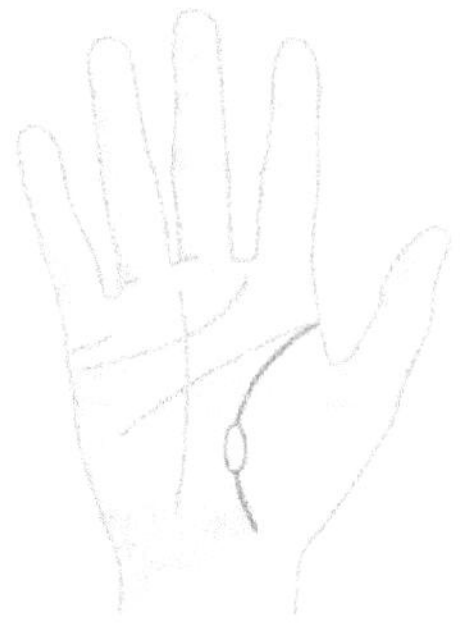

На Юпитере

Предупреждение о внезапном несчастье, связанном с амбициями человека, возможно, серьезном, которое прервет результат его усилий.

На Сатурне

Разочарование или потеря, вызванные внезапно и, как правило, в результате осуждения в той или иной форме, либо в формальном смысле, либо в результате негативного мнения окружающих.

Аполлон

Задержка или неудача в проектах творческого характера, но, как правило, вызванная отсутствием мотивации со стороны человека.

О ртути

Задержки или отклонения, связанные с бизнес-планами и финансовыми вопросами. Обычно они обозначают препятствия, которые приведут к задержкам или затратам, а не свидетельствуют именно о неудаче.

На Марсе, под Меркурием

Указывает на ситуации эмоционального застоя и плохого общения в паре.

На Марсе, под Юпитером

Потеря физической силы может
свидетельствовать о болезни или травме.

Серьезный.

В Луне

Запутанное мышление, умственный застой,
возможно, проблемы с психическим
здоровьем. Иногда просто не хватает
умственной стимуляции.

На Венере

У меня стабильная домашняя жизнь, но в ней
не хватает стимулов и перемен. Проявляются
неинтересные отношения.

На линиях

Как и в случае с горами, остров указывает на
задержку, разочарование или препятствия.

Линия Жизни указывает на длительный период
застоя, возможно, связанный с плохим

состоянием здоровья или очевидной неспособностью достичь желаемых целей в жизни. Остров имеет схожее значение с Линией Судьбы, но в данном случае он говорит о том, что это влияние будет носить более продолжительный и устойчивый характер на протяжении всей жизни человека.

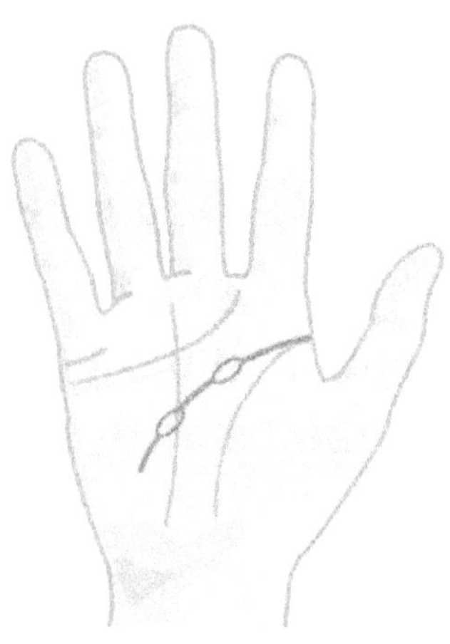

Круг

Этот знак редко встречается на любой ладони и не имеет формы идеального круга. Это положительный знак только на горе Аполлона, подчеркивающий все качества этой горы.

В других местах говорится о том, что следует обращать внимание на все, что кажется выделяющимся.

На горе Луны он предупреждает об опасности воды, которая обычно воспринимается как опасность утопления.

Точки

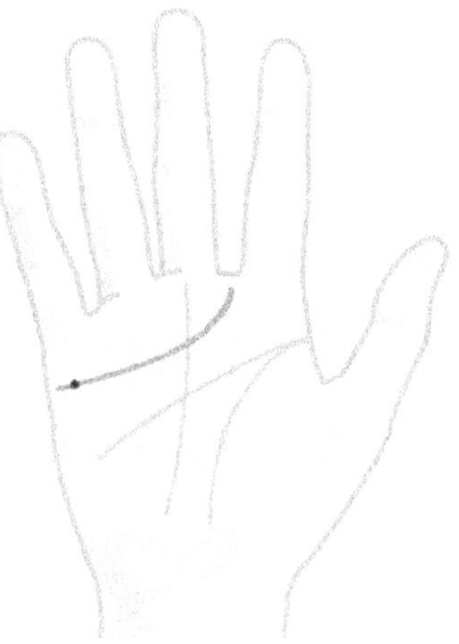

Точка считается негативным знаком, символизирующим излечимые раны и болезни. Точки обычно располагаются на основных линиях руки.

На линии жизни символизирует болезнь, которая будет иметь место в указанном возрасте.

Линия печени предвещает заболевания печени или кишечника.

На линии сердца: указывает склонна к разнообразным любовным похождениям.

Форма ногтей

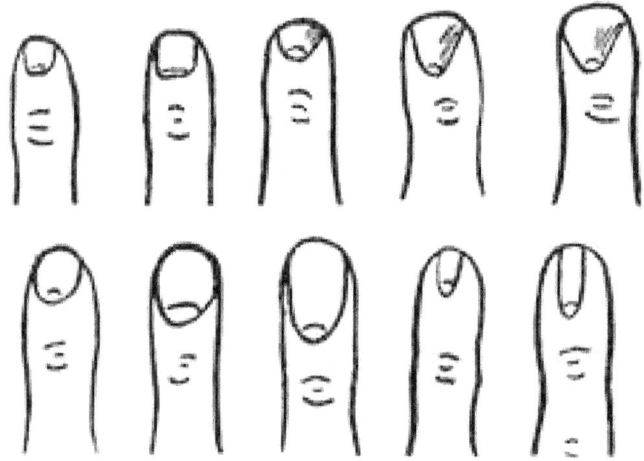

Среди форм, которые по рукам позволяют составить эффективное суждение и на среднем расстоянии, ногти, пожалуй, являются одной из наиболее определенных. Их послание ясно и прямолинейно и относится не только к характеру человека, но и ко всему, что касается его как живого существа, начиная с его физической конституции, здоровья и источника энергии.

Ногти, как и ногти, показывают много информации о характере человека. Кроме того, они являются хорошим индикатором для распознавания проблем со здоровьем.

Существует несколько типов ногтей. Необычно встретить на одной руке один и тот же тип ногтей, однако, когда все они однородны, характеристики, связанные с типом ногтей, будут более акцентированы в личности.

Наличие разных типов ногтей на одной руке свидетельствует о сочетании нескольких влияний.

Однако следует иметь в виду, что его послание является дополнительным.

Это означает, что необходимо обратить пристальное внимание на сообщение, заложенное в характеристиках ногтей, с тем чтобы впоследствии объединить его с данными пальцев и кисти в целом. Совокупность всего этого позволит получить действительно достоверный портрет человека, в то время как если придерживаться только части руки, как это было бы при исследовании ногтей, то получится лишь набросок, слишком общая заметка, лишенная нюансов.

Если ногти квадратные, у человека могут возникнуть проблемы с самоконтролем, особенно если ногти розовые. Чувство гнева или разочарования может быть трудно сдерживаемым.

Если у человека бледные ногти, это свидетельствует о беспристрастности его реакций. Иногда квадратные ногти бывают очень короткими, это обычно свойственно людям, не обладающим дипломатическими способностями и не умеющим смотреть на вещи с другой точки зрения, а также упорно придерживающимся одной и той же идеи или убеждения.

Если вы попытаетесь опровергнуть одну из ваших идей или предложить другой, даже более разумный взгляд на вещи, это будет совершенно бесполезной попыткой. Они негибкие, с ограниченным кругозором.

Иногда они иррационально ревнивы, когда речь идет о сексуальных проблемах.

Такт и дипломатия полностью отсутствуют, если у вас короткие ногти, а верхние фаланги пальцев также малы. Человек этого типа склонен быть нетерпеливым и реагировать на окружающих инстинктивно. Кроме того, он обычно очень критичен и высказывает только выводы. Если руки маленькие, мясистые и толстые, то, скорее всего, у Вас плохой характер.

Эта особенность будет еще более подчеркнута, если ладонь красная или имеет много выраженных красных линий. Иногда люди этого типа демонстрируют оборонительную позицию.

С другой стороны, если ногти короткие, а верхние фаланги длинные, то эти особенности изменятся, и появится элемент мысли и разума, который добавит контроля и осязания в некоторых ситуациях.

Амплитуда ногтей является энергетическим каналом. Чем шире, тем больше они склонны генерировать энергию.

Среди основных форм гвоздей, встречающихся в мире, выделяются следующие значения, поэтому их необходимо изучать до тех пор, пока они не станут понятны с первого взгляда.

Основные типы гвоздей:

*загнутые; *широкие и очень короткие; *кусочки; *миндалины; *круглые; *квадратные; *удлиненные; *удлиненные и темные.

Во-первых, в ногтях находится то, что врачи называют пожизненной медицинской картой. Жаль, что их постулаты до сих пор заставляют их игнорировать эту потрясающую запись эволюции здоровья каждого человека, его болезней, его взглядов на жизнь, выражающихся в цвете, форме и размере ногтей.

Изогнутые ногти

Они проявляют большие амбиции, горячий порыв к обладанию, но при этом их обладатели не ограничены в достижении своих целей ограничениями, налагаемыми скупостью. Напротив, они могут быть более чем великолепны, когда речь идет о том, чтобы польстить людям, которые впоследствии смогут означать для них реализацию дела, которое вознаградит их с лихвой.

Когда эти ногти даются в нежную и гармоничную руку, большая часть характерной для них силы сменяется капризным и жестоким нравом.

В этом смысле необходимо понимать, что прочность или свирепость ногтей этого типа возрастает по мере увеличения прочности руки при условии сохранения длины пальцев, которая, по крайней мере, должна быть средней в целом.

Широкие и короткие ногти

Это один из самых ярких типов ногтей. Обычно люди почти сразу замечают их на том пальце, где они наиболее заметны, - на большом. Несомненно, это связано с тем, что он является одним из самых нагруженных негативными коннотациями.

По сути, это гвозди, связанные с мелким духом, мучимым жаждой обладания или доминирования. Часто это импульсивные, противоречивые субъекты, склонные обвинять других в своих недостатках, а также преувеличивать значение своих успехов.

Необходимо видеть остальные части руки, поскольку, если они гармоничны и энергичны, смысл этого ногтя, неприятно широкого и короткого, как крошечный киноэкран, сведется к проявлениям сарказма.

То есть это будет персонаж, склонный к иронии, обидным каламбурам, а также склонный к накоплению денег не всегда понятным и логичным способом, поскольку он способен терпеть лишения, чтобы не испытывать неудовольствия от трат.

Обкусанные ногти.

В отличие от анализируемых типов ногтей, факт откусывания ногтей является не природной их характеристикой, а эффектом, вызванным темпераментом человека. Однако его значение актуально.

Обкусанный ноготь подразумевает нестабильность эмоционального характера. Он выдает людей, в личности которых заложены какие-то расстройства, силой которых уже очень трудно или невозможно овладеть. Она отражает глубоко запрятанные обиды и неуверенность в себе, причем людям с такими руками опасно оказывать большое доверие, поскольку, не умея эффективно противостоять импульсам своей переполненной эмоциями природы, они вряд ли смогут предложить другим приемлемую степень надежности.

В соответствии с этим критерием, если обкусанные ногти обнаруживаются на лопатообразных пальцах, их следует трактовать как признак конфликтной, раздражительной личности, склонной повышать голос и бесцеремонно перебивать собеседников.

Эти аспекты будут подчеркнуты, если к тому же внешний вид ногтя неровный и грязный, что может свидетельствовать о личности, которая опускается до опасного перелома в отношениях с людьми, составляющими ее привычное окружение, доходя до крайности и вынужденной постоянно менять дом.

Напротив, если обкусанные ногти были обнаружены на уплощенных пальцах, с широкими кончиками, то они будут свидетельствовать о чрезмерной темпераментности и склонности к эротическим удовольствиям, а значит, и к промискуитету.

Кроме того, это натуры, любящие суету и смех, склонные попадать в ситуации шока или негативных обязательств с теми, с кем они общаются.

Это люди, которые хотели бы, чтобы их уважали, не будучи вынужденными вести себя в соответствии со своими желаниями, поэтому они будут видеть, что занимают позицию максимального либерализма не по подлинному убеждению, а по необходимости иметь респектабельное объяснение тем особенностям личности, которые от них ускользают и которым они поддаются без дальнейшей борьбы.

В глубине души это люди с крайне ослабленной самооценкой. Они страдают от того, что не могут взять себя в руки, и обижаются на тех, кто упрекает их в отсутствии сильного характера.

Они пытаются завоевать расположение других, постоянно позволяя использовать себя, что особенно заметно на примере женщин. Наконец, они неизменно либо предают, либо оказываются преданными.

Миндальные ногти

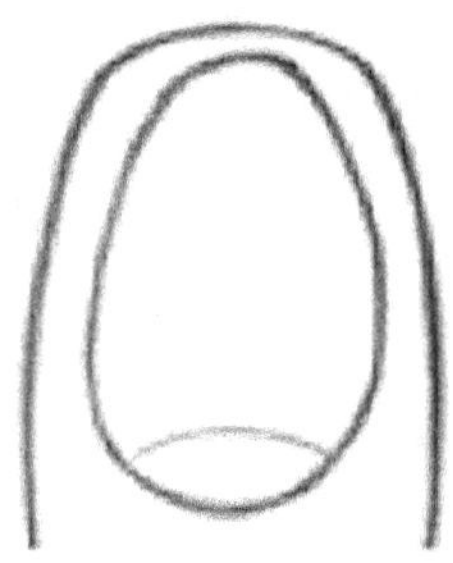

Миндалевидные, овальные ногти с менее широкой частью спереди свидетельствуют об интуитивной, утонченной, элегантной, общительной личности. Они представляют себе только то, что уже завершено другими.

Они готовы придерживаться системы и даже проявляют большую адаптивность и дисциплинированность. Но от них не следует ожидать никаких существенных преобразований, иногда даже собственного образа жизни, если только не исчерпать их терпение и не заставить их преодолеть свое двойственное отношение к идее существенных изменений.

Круглые гвозди

Такие ногти - симптом бурного, восторженного темперамента. Они отражают людей, не способных контролировать свои наклонности, которые не раз в течение жизни приходили к ним в гости и причиняли боль.

Квадратные гвозди

Это ногти людей, которые любят порядок и уважают авторитеты. Это ногти тех, кто находит большее удовольствие в соблюдении традиций, хотя они также характерны для людей, наиболее склонных к церемониям и протоколу.

У них развито чувство справедливости, хотя иногда они допускают, что их претенциозная натура мешает им уступать в разумности самым скромным или в чем-то более слабым.

Эти люди считают, что хорошо жить может только тот, кто умеет укрыться в тени хорошего дерева. Часто бывает, что их методичность не позволяет им довести свое честолюбие до желания самим стать тем деревом, которое дает хорошую тень. По этой причине из них обычно получаются прекрасные работники, отличные вице-президенты или вице-министры, менеджеры.

Типичный квадратно-зубастый человек любит, чтобы в его жизни царил порядок и все то, что в обществе считается хорошим. Его темперамент всегда оказывается консервативным, хотя в молодости он мог бы позволить себе предаться иллюзиям экстремизма.

Удлиненные ногти

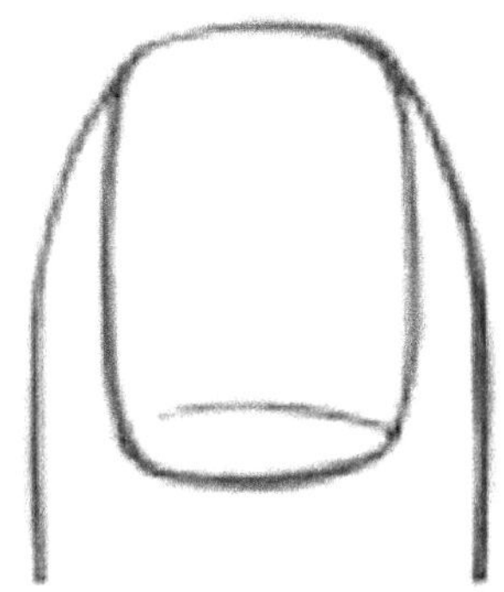

Ногти удлиненной формы, которые не следует путать с длинными и слегка узкими ногтями, при чувствительном духе и общительном нраве.

Это люди приятные в обращении, склонные к пониманию и извинению чужих слабостей, люди, которые приходят, чтобы доказать значительную способность к прощению.

Мы сталкиваемся с менталитетами, которые предпочитают использовать свою изобретательность, чтобы подправить реальность и тем самым адаптировать ее к контексту своих иллюзий. При этом они проявляют романтический темперамент, несколько слабую волю, поэтому, по-видимому, притягивают к себе неблагодарность или жестокость людей, которые с ними общаются.

Что касается его чувственности, то следует отметить, что она не скудна, более того, достаточно искры, чтобы она разгорелась. Человек с удлиненными ногтями будет втягиваться тем сильнее, чем сильнее его ногти будут прикреплены к плоти или зацеплены за нее. Аналогично, эту же характеристику следует трактовать как трудность в быстром и твердом принятии решений, поэтому они склонны в значительной степени зависеть от советов и поддержки, которые им хотят дать другие.

Удлиненные и темные ногти

Этот тип ногтей обычно связан с нечестностью, лицемерием, отсутствием щепетильности и жестокостью. Однако следует отметить, что остальные части руки могут значительно смягчить эти негативные характеристики, хотя они всегда будут оказывать нежелательное влияние на личность.

Цвет ногтей

Здоровье человека обычно очень стабильно отражается на ногтях. Здесь мы не имеем в виду тон, который может накладывать здоровье или болезнь.

Плохая предрасположенность организма, постоянное состояние или хроническая слабость будут отражаться на консистенции и тоне ногтей. Так, известно, что розовые ногти, как правило, являются показателем здоровья. Если эта окраска бледнеет, то следует понимать, что здоровье, рассматриваемое как состояние или общая предрасположенность организма, также ухудшилось.

Следовательно, ногти, не способные демонстрировать здоровый тон, объявляют, как минимум, об отсутствии правильного питания и адекватных физических нагрузок.

Точно так же и в другом аспекте, если бы консистенция ногтя была слишком тонкой, мы бы нашли людей, характер которых также не до конца определен. Это не обязательно должно быть окончательным состоянием, но если оно все же есть, то его следует интерпретировать как слабость характера. Когда это состояние становится постоянным, таким, что наблюдается у взрослых, то следует понимать, что это постоянная слабость.

В этих условиях представители этого класса часто постоянно прибегают к упрямству, чтобы компенсировать недостаток силы. Короче говоря, они имитируют силу характера грубостью упрямства. Нередко они также прибегают к интроверсии в поисках компенсации за ту уверенность, которой они в себе не находят.

Одним словом, тонкие ногти — это, как правило, признак низкой энергичности характера или, по крайней мере, неуверенности в себе.

Чрезмерно толстые ногти свидетельствуют о склонности постоянно придерживаться одних и тех же идей, отсутствии гибкости в общении со знакомыми и незнакомыми людьми, неумении понять других, склонности постоянно рассказывать о своих несчастьях, склонности к обсуждению и игнорированию.

Работа и деньги

Многие люди работают над тем, что им не подходит или не нравится. Линии руки, пальцев и ладони могут научить тому, какой вид работы лучше всего подходит именно вам.

Если мы используем свои природные способности, то, скорее всего, добьемся чего-то удивительного. Мы часто трепещем перед переменами, но они не всегда так катастрофичны, как мы предполагаем.

Деньги волнуют большинство людей. То, как мы их добиваемся и какое отношение к ним проявляем, например щедрость или жадность, может быть отражено как на ладони.

Мотивация

Мотивация обычно проявляется в линии Судьбы. Линия судьбы показывает наши цели и чувство направления. У мотивированного человека она, скорее всего, хорошо выражена.

У большинства людей есть что-то вроде "Линии судьбы", но, если ее нет, это не означает отсутствия мотивации.

Люди, не обладающие этой чертой, могут добиться успеха в жизни, но они сделают это для себя и откажутся от покорности. Их способности помогут им выбрать наиболее выгодный вариант. Таких людей можно мотивировать весьма специфическим образом.

Если у человека есть Линия Судьбы, которая поднимается от основания ладони и проходит через центр, пока не исчезает под Пальцем Сатурна, без трещин, и ее ход не ослаблен и не дрожит ни в одной точке, то он будет чрезвычайно мотивирован. Если у человека также сильные пальцы, это подтверждает вышесказанное. Если у вас есть ответвления, выходящие из Линии Судьбы, то они помогут вам в достижении ваших целей, так как являются полезными влияниями, свидетельствующими о значительном повышении вашей мотивации.

Гора Сатурн также связана с мотивацией. Если она более развита и выражена, чем остальные горы, это означает, что мотивация неминуема, но она может быть связана с чувством обязательства и напряжением, связанным с желанием достичь ее как можно скорее.

Если линия судьбы начинается немного выше запястья, это говорит о том, что у человека нет четкой целеустремленности и что с течением времени линия начнет разграничиваться.

Важно исследовать обе руки. Иногда на левой руке не прослеживается линия судьбы, а на правой она четкая и явная. Это говорит о том, что на первом этапе жизни у этого человека не было или даже пока нет мотивов или личных побед, которые он хотел бы получить, но в будущем он будет ставить перед собой более конкретные цели.

Когда левая и правая стрелки расходятся в своих линиях, разница всегда обнаруживается во времени. Одна показывает ранние или текущие этапы, а другая - будущие.

Человек, имеющий на правой руке Линию Судьбы, имеет больше возможностей при выборе работы и, следовательно, лучшее будущее. Независимо от природных способностей, чувство смелости и мотивация появятся случайно, даже если они возникнут позднее. Обычно, когда люди приближаются к тридцати годам, они начинают определять свои цели, что в астрологии связано с возвращением Сатурна.

Если линия Судьбы четко прослеживается на обеих ладонях, это говорит о том, что у Вас разнообразные мотивы. Однако они могут быть связаны с пунктом назначения, а значит, возможностей для выбора пути будет меньше.

Линия жизни может также отражать информацию о мотивах человека. Если в центре ладони есть изгиб, то это говорит о потребности исследовать жизнь во всех ее проявлениях и о стремлении к мотивации.

Если у человека сильная Линия Судьбы и Линия Солнца восходит точно над одной из ветвей Линии Судьбы, это можно трактовать как благополучие и позитивное влияние, а также процветание в финансовых делах.

Если линия амбиций останавливается прямо на линии Сердца, это говорит о том, что человек может чувствовать себя заблокированным эмоциональными проблемами.

Если у человека сильная линия Солнца, которая рождается из одной из ветвей Линии Жизни и находится в нижней части Солнечного пальца, то короткая линия Судьбы означает, что этот человек родился удачливым и что на протяжении всей его жизни успех и процветание будут его союзниками. Однако это не совсем означает счастье. Если все вышеперечисленное достигается без особых усилий, мотивация со временем угасает, и человек теряет ощущение триумфа.

Если у человека есть линия Судьбы, раздвоение которой указывает на палец Юпитера, то это говорит о потребности в абсолютном контроле, особенно в личных проблемах и, возможно, в проблемах других людей.

Судьбы, раздвоение которого указывает на Палец Юпитера, отражает потребность в абсолютном контроле, особенно в личных проблемах и, возможно, в проблемах других людей.

Всегда анализируйте и смотрите на тональность и прикосновение руки. Если она мягкая на ощупь, это говорит о том, что человек, как правило, не руководствуется своими импульсами, даже если у него сильная и хорошо выраженная Линия Судьбы.

Профессиональное здоровье

Форма кистей и пальцев рук, а также линия Судьбы позволяют определить, какой вид работы лучше всего подходит конкретному человеку. Профессиональное благополучие имеет первостепенное значение для каждого человека, даже если оно не является экономически сбалансированным.

Мать, которая обязана содержать семью и заботиться о ее нуждах, должна иметь такую же точную линию судьбы, как и предприниматель, поскольку она чувствует мотивацию и компенсацию своей жизни. Их работа — это работа. Поэтому его отношение к тому, что он делает, проявляется как на ладони, как если бы это была обычная работа.

Человек с квадратными руками организован и с большим удовольствием занимается делом, которое требует предсказуемой организации и рутины. Эта характеристика будет подчеркнута, если заголовок не содержит вариаций и держится прямо на ладони, что свидетельствует о логической проницательности.

Люди с квадратными руками склонны воспринимать все на практике. По этой причине они являются подходящими кандидатами на работу, которую интеллигентные люди определили бы как сонную и раздражающую.

Людям с лопатообразной формой рук необходимы перемены и возможности для применения своей уникальности. Если они находятся в условиях клаустрофобии, выполняют механическую или монотонную работу, они будут испытывать напряжение и стресс. Таким людям необходимо отделение и независимость, чтобы они могли проявить себя с лучшей стороны.

Люди, чьи руки являются основными, не занимаются теми профессиями, где они не знают, как проявить и использовать свой интеллект. Это не значит, что они тупые, просто они легче приспосабливаются к менее сложным видам деятельности.

Люди с конусообразной формой рук, как правило, испытывают большее удовлетворение от работы, связанной с творчеством или искусством. Кроме того, они обычно очень чувствительны к условиям работы.

Люди, у которых руки слегка заострены, не любят физически напряженной работы. Их конституция слаба, и они страдают, если по воле случая им приходится работать в очень тяжелых условиях.

Людям с острыми, философскими руками с длинными, шишковатыми пальцами необходимо использовать свою наблюдательность на работе. Они очень артистичны и, как и люди с коническими руками, очень чувствительны к профессиональной атмосфере и своим коллегам. Им также необходима сбалансированная и спокойная обстановка. Для реализации и умственной деятельности необходимы покой и безмятежность.

Разнообразные руки, т. е. когда сочетаются различные формы кистей и пальцев, отражают способность к самоотдаче. Эта категория людей очень толерантна, но иногда им очень трудно определиться с удовлетворительной работой. Они могут обладать талантами в разных областях, что выражается в знании различных предметов. У таких людей необходимо выделить наиболее преобладающие в них таланты.

Линия Судьбы наиболее выгодна, когда она хорошо пропечатана на ладони. Обширная, открытая и глубокая линия в сочетании с ярко выраженной горой Сатурна говорит о том, что у человека мало возможностей в профессиональной сфере.

Тонкая, но хорошо выраженная Линия Судьбы предсказывает, что трудовая деятельность этого человека будет успешной, однако существует и вероятность того, что он будет относиться к своей работе с пафосом и не испытывать никакого энтузиазма. Эта особенность может быть усилена, если линия Солнца слаба или отсутствует.

Иногда широкая и размытая линия Судьбы отражает переутомление и усталость. Эмоциональные элементы помогают или мешают всем аспектам нашей жизни. Если человек не чувствует себя счастливым в своих романтических отношениях, это отражается на его профессиональной деятельности. Эмоциональные проблемы всегда расстраивают и ухудшают жизнь, и все это всегда отражается на линии Судьбы, особенно если она заканчивается на линии Сердца.

Потенциал лидера.

Характеристики руки могут раскрыть лидерский потенциал. Первый шаг - анализ общего внешнего вида руки. Если внешность сильная, то человек обладает способностями, так как для того, чтобы быть лидером, нужно быть физически выносливым и обладать большим запасом энергии.

Форма руки говорит о таланте руководить другими людьми. Квадратная рука учит организаторским способностям, люди с лопатообразной формой будут активны и работоспособны, сочетание одного и другого говорит о способности быть лидером.

Вообще, рука лидера обычно небольшая, поскольку отражает способность противостоять вещам на больших уровнях.

Важны также пальцы и их размер, а также горы рук. У лидера, скорее всего, будет сильный и длинный день Юпитера. Выдающаяся гора Юпитера усиливает стимулы и, если она очень выдающаяся, проявляет склонность к гордыне.

Линия Судьбы также должна быть проанализирована на предмет способности быть лидером. Если линия направлена к пальцу Сатурна и заканчивается на этой горе, а вторичная линия направлена к горе Юпитера, то это говорит о том, что работа и основные цели этого человека будут ограничены его способностью направлять свои интересы и властью над другими людьми.

 Если линия Судьбы имеет ответвление к Юпитеру, то она анализирует палец Меркурия, и если он длинный, то человек обладает убедительностью, талантом связно излагать мысли и коммуникабельностью.

Если линия Сердца заканчивается на вершине горы Сатурн, то человек не испытывает сочувствия к окружающим. Его потребность властвовать не будет подкреплена состраданием, что может создать трудности для руководителя.

Если кто-то желает контролировать что-то или кого-то, то его Линия Судьбы должна быть изогнута, сбита с курса и направлена в сторону горы Юпитера.

Палец Меркурия и линия Сердца определяют уровень способности к самовыражению и эмоциональный интеллект, что может смягчить характер, подобный тому, о котором идет речь.

В квадратуре линия Судьбы с ветвью, указывающей на гору Юпитер, показывает успех в профессиях, в которых необходимо быть амбициозным. Если присутствует линия Солнца, то человек будет иметь профессию, полную успехов в финансовом плане. Эта линия также указывает на жизнерадостный взгляд на жизнь. Потребность в лидерстве также может быть вызвана желанием помогать другим.

Символы успеха в руках

 Успехи и неудачи есть в жизни каждого из нас. Успех зависит от образа жизни, ожиданий и моральных ценностей каждого человека. Успех отражается в линии Солнца и четко выраженной линии Судьбы. Эта комбинация связана с нашими целями.

Рука, отражающая краткосрочный успех, имеет корень Линии Судьбы в Лунной горе, и начало этой линии будет неточным и очевидным.

Гора Луны связана с обществом, окружающей средой, люди с таким типом рук понимают, что их судьба зависит от их прихотей. Наиболее ярко это проявляется, если линия Судьбы прерывается после старта и отсоединяется от Горы Луны.

Если Линии Судьбы и Солнца сильно змеятся у корня, это символизирует, что человек достигнет своих целей только через 3 3 года.

Если Линии Судьбы и Солнца направлены к линии Головы, это свидетельствует о позитивных усилиях и мыслях. Ветвь, выходящая из линии Головы и направленная к пальцу Меркурия, говорит о том, что мысли могут быть очень вдохновенными, особенно в том, что касается способов получения денег через общение. Эта ветвь связана с бизнесом и обычно находится на ладонях людей, которые постоянно думают о денежных вопросах. Меркурий также связан с путешествиями, поэтому эта ладонь будет отражать, что позитивные события произошли благодаря благоприятным взаимодействиям, возможно, через новые методы общения.

Харизматичные люди почти всегда успешны и, как правило, имеют очень выраженные и заметные Гору и Палец Солнца.

Если вы анализируете тонкую, острую, чувствительную руку с ярко выраженной линией Солнца, это означает, что человек обладает ярким характером, но живет в мире фантазий. Такие руки обычно относятся к мечтателям, которые крайне идеалистичны. Они, как правило, не беспокоятся об успехе и чувствуют себя удовлетворенными в области своего воображения. У такой ладони хорошо заметна впадина в центре. Даже очень сильная линия Солнца не может создать позитивный настрой. Пушистая ладонь может отвергать позитивные влияния.

Когда Линия Головы слегка наклонена к ладони, это говорит о воображении. Если кто-то уже испытал на себе преимущества жизни, полной успеха, эта Линия поможет, так как натолкнет на поиск других сложных областей и других целей, которых нужно достичь благодаря творческому мышлению.

Некоторые люди больше боятся успеха, потому что им не хватает уверенности в себе. У такого типа людей есть выраженная линия Солнца и ярко выраженная линия Головы. Однако если часть обеих линий скрыта, это говорит о том, что человек скрывает свои природные таланты и предпочитает спокойную жизнь.

Время в ладонях

Узнать, когда произойдут те или иные события, можно, если правильно изучить мужчин. Прежде чем приступить к изучению времени по рукам, ознакомьтесь со значениями основных линий ладони.

Е к предрасположенностям, которые отражают стрелки часов, прежде чем прогнозировать любое событие, связанное со временем.

То, где начинаются линии, — это период жизни, рождение совпадает с началом линии. Линия Жизни читается сверху к запястью. Линии Солнца и Судьбы читаются по направлению к пальцам. Линия Головы читается от большого пальца, а линия Сердца рождается у основания пальца Меркурия.

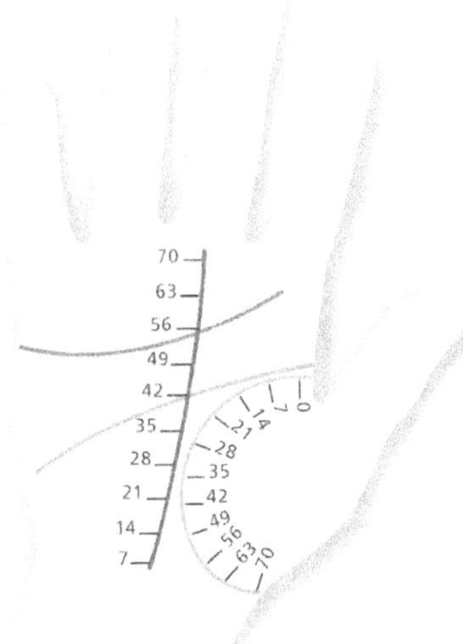

Каждая линия обозначена интервалами в семь лет, поскольку с такой периодичностью мы переживаем изменения на эмоциональном, физическом и ментальном уровнях. Длинные линии также могут быть разделены на семилетние интервалы, что позволяет корректировать их длину. Короткие линии более сложны, вы можете обнаружить линию Судьбы, которая начинается в середине вашей ладони.

Чтобы оценить время, нужно провести линию от начала Линии Судьбы до той, которая окажется на этой руке, затем разделить ее на интервалы в семь лет, и это скажет о возрасте, в котором Линия вступает в действие.

Для определения точного времени наступления событий требуется много практики. Для начала спросите человека и попросите его рассказать о важном событии, которое он пережил. Вам нужно найти на линии ладони отметку, отражающую это событие.

Попробуйте сделать это рукой, но помните, что трудно быть четким с самим собой. Всегда начинайте с чтения возраста человека, так как это позволит вам различать события прошлого, настоящего и будущего.

Помните, что левая и правая рука — это не одно и то же. Левая показывает основные предрасположенности и события прошлого, а правая отражает, как эти предрасположенности будут меняться и развиваться, а также будущие события.

На некоторых руках будет отсутствовать одна линия, а то и две. Линия Судьбы особенно полезна в плане жизненных событий. Любые жизненные трансформации отражаются в этой линии более четко, поскольку она более лаконично, чем другие, рассказывает о наших целях и предназначении.

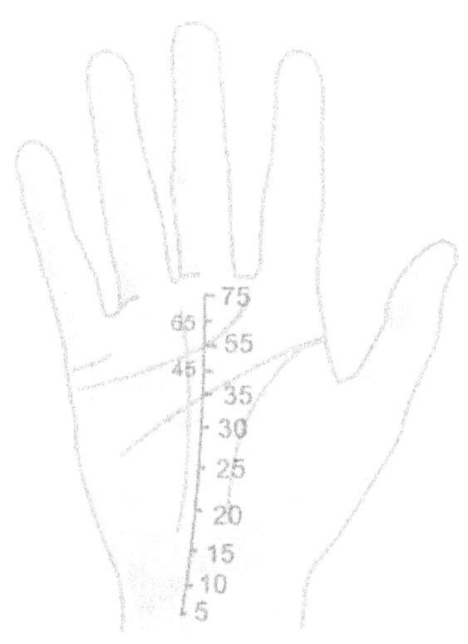

На эту линию следует обратить особое внимание при прочтении важных событий, а так как она также связана с профессиональными и трудовыми вопросами, то указывает на перемены и успехи в этой сфере жизни.

 Существуют и другие линии, взаимодействующие с Линией Судьбы, которые показывают людей или события, необходимые для наших целей.

Линия Судьбы есть не у всех, и есть люди, у которых она кажется нечитаемой. В таких случаях следует обратить внимание на другие линии, а именно на Линию Жизни.

Некоторые руки не имеют линии Сердца или линии Головы, возможно, там, где вы должны найти две линии, есть только одна. Это линия Сими а, и вы должны интерпретировать ее так, как если бы это была линия Сердца.

Короткая линия жизни может вызывать страх и тревогу, но предсказать смерть человека по одной этой линии невозможно.

Линия жизни отражает жизненную силу, любовь и привязанность, а также склонность к некоторым заболеваниям. Однако короткая линия ни в коем случае не означает эфемерный жизненный период. Иногда линия Жизни раздваивается по направлению к центру руки, это разделение обычно путают с другой линией, что может означать, что человек в буквальном смысле отделяется и, например, уезжает в другую страну.

Некоторые люди, кажется, имеют две линии жизни. Вторая, прикрепленная к большому пальцу, добавляет упорства и стойкости. Это линия Марса, линия удачи, которая снимает бремя конфликтов и болезней и позволяет жить без трудностей.

Когда вы обнаружите двойную линию, обратите внимание на вторую как на "линию жизни". Руки с большим количеством линий могут представлять собой головоломку. Найти эти линии может быть трудно, а пытаться прочитать, когда произойдут определенные события, еще труднее.

Сложная рука — это обычная личность. Начинать следует с рук, которые имеют меньше линий и определенную форму. У женщин руки с большим количеством линий более полные, чем у мужчин. Или используйте перо с тонким кончиком, чтобы отметить семилетние промежутки между линиями.

Шаги для чтения с руки

Шаги, выполняемые при чтении стрелок часов, очень важны, так как от них зависит получение правильных результатов.

1. Внимательно проанализируйте и посмотрите форму и размер, консистенцию,

тон и температуру рук, чтобы установить тип руки, с которой вы собираетесь читать.

2. Сравните обе руки, их формы, линии, и таким образом вы сможете установить, какая из них является доминирующей. В большинстве случаев это будет левая, но бывают и исключения, особенно среди левшей.

3. Затем посмотрите на формирование пальцев, особенности ногтей и осторожно прикоснитесь к горам, слегка нажимая на них, чтобы проверить их упругость и убедиться, каковы их пропорции, структура, текстура и телосложение, независимо от внешнего вида, который они имеют.

4. Изучение линий начинается с линии Жизнь. Проверьте, есть ли там другие важные марки, помимо выдающихся.

5. Начните работу по сравнению и проверке, ищите другие марки, которые могут относиться к указаниям в первой строке.

Об авторе

Помимо астрологических знаний, Алина А. Руби имеет богатое профессиональное образование, сертификаты по психологии, гипнозу, Рейки, биоэнергетическому целительству кристаллами, ангельскому целительству, толкованию снов, а также является духовным инструктором. Руби обладает знаниями в области геммологи, которые она использует для программирования камней или минералов и превращения их в мощные амулеты или талисманы защиты.

Руби обладает практичным и целеустремленным характером, что позволило ей иметь особое, интегрирующее видение нескольких миров, облегчающее решение конкретных проблем. Алина пишет ежемесячные гороскопы для сайта Американской ассоциации астрологов; их можно прочитать на сайте www.astrologers.com. В настоящее время ведет еженедельную колонку в газете El Nuevo Herald на духовные темы, которая выходит каждое воскресенье в цифровом виде и по понедельникам в печатном. На YouTube-канале этой газеты он также ведет программу и еженедельный гороскоп. Его астрологический ежегодник ежегодно публикуется в газете "Дарио лас Америка" в рубрике "Астрология Руби".

Руби написал несколько статей по астрологии для ежемесячного издания "Today's Astrologer", вел занятия по астрологии, Таро, чтению по руке, исцелению кристаллами и эзотерике. На его канале YouTube еженедельно выходят видеоролики на эзотерические темы: Rubi Астрология. Имеет собственную астрологическую программу, ежедневно выходящую на телеканале Flamingo T.V., давала интервью нескольким теле- и радиопрограммам, ежегодно выпускает "Астрологический ежегодник" с гороскопом по знакам и другими интересными мистическими темами.

Она является автором книг "Рис и бобы для души", часть I, II и III, сборника эзотерических статей, изданных на английском, испанском, французском, итальянском и португальском языках. "Деньги для всех карманов", "Любовь для всех сердец", "Здоровье для всех тел", Астрологический ежегодник 2021, Гороскоп 2022, 2023, Ритуалы и заклинания для успеха в 2022 году, Заклинания и секреты, Астрологические курсы, Курсы Таро, Эзотерические курсы, Любовь и совместимость знаков зодиака, Ритуалы и амулеты 2023 и Китайский гороскоп 2023 - все это доступно на пяти языках: Английский, Итальянский, Французский, Японский и Немецкий.

Руби прекрасно владеет английским и испанским языками, сочетая в своих чтениях все свои таланты и знания. В настоящее время живет в Майами, штат Флорида.

Более подробную информацию можно получить на сайте www.esoterismomagia.com.